쉿! 바다의 비밀을 말해 줄게

쉿! 바다의 비밀을 말해 줄게

초판 1쇄 2006년 7월 14일 | **초판 14쇄** 2023년 7월 25일

글 권수진, 김성화 | **그림** 김유대

편집 이세은 · 윤정현 · 조연진 | **마케팅** 강백산 · 강지연 | **디자인** 곰곰디자인 · 조희정

펴낸이 이재일

펴낸곳 토토북 04034 서울시 마포구 양화로11길 18, 3층(서교동, 원오빌딩)

전화 02-332-6255 | **팩스** 02-6919-2854

홈페이지 www.totobook.com | **전자우편** totobooks@hanmail.net

출판등록 2002년 5월 30일 제10-2394호

ISBN 978-89-90611-79-6 74400
　　　　978-89-90611-54-3 74400(세트)

ⓒ 권수진, 김성화, 김유대 2006

이 책은 저작권법에 의해 보호를 받는 저작물이므로 무단 전재 및 복제를 금합니다.
잘못된 책은 구입하신 곳에서 바꾸어 드립니다.

《쉿! 바다의 비밀을 말해 줄게》를 읽고 난 후 궁금한 게 있는 친구들은
이 책을 쓴 선생님께 메일(viduli@hanmail.net)을 보내 주세요.

제품명: 쉿! 바다의 비밀을 말해 줄게 | **제조자명:** 토토북 | **제조국명:** 대한민국 | **전화:** 02-332-6255
주소: 서울시 마포구 양화로11길 18, 3층(서교동, 원오빌딩) | **제조일:** 2023년 7월 25일 | **사용연령:** 8세 이상
* KC 인증 유형: 공급자 적합성 확인
* KC마크는 이 제품이 공통안전기준에 적합하였음을 의미합니다.
⚠ **주의** 책의 모서리에 다치지 않게 주의하세요.

쉿! 바다의 비밀을 말해 줄게

권수진·김성화 글 | 김유대 그림

www.totobook.com

추천의 글

넓디넓은 바닷가에 서서 끝없이 펼쳐진 수평선을 가슴에 안아 보세요. 그리고 바다에 귀를 기울여 보세요. 철썩 쏴 하는 파도 소리가 들리고, 모래와 자갈이 또르르 구르는 소리도 들릴 겁니다. 또 바다 생물의 왁자지껄한 소리도 들을 수 있지요. 바다는 언뜻 보기에는 생물이 없는 사막처럼 보이지요. 그렇지만 바닷가 여기저기를 자세히 관찰해 보세요. 신기하고 재미있는 바다 생물을 많이 만날 수 있을 거예요. 바다는 사막이 아니라 온갖 생명체들이 활기차게 살아가는 보금자리랍니다.

자, 이제 『쉿! 바다의 비밀을 말해 줄게』를 펼치고 바다로 여행을 떠나 보아요. 바닷속에는 신비한 비밀이 많이 숨어 있습니다. 이 책을 읽으면 바닷속이 어떻게 생겼는지, 바닷속에는 어떤 생물이 살고 있는지 알게 됩니다. 또

바닷속 땅이 움직이고, 바닷속에도 강물이 흐르고, 바닷속에도 눈이 내린다는 신기한 사실들을 터득하게 됩니다.

이 책을 쓰신 선생님들은 '바다는 선물이에요!' 라고 말합니다. 맞는 말입니다. 바다는 선물 중에서도 아주 귀한 선물입니다. 바다는 우리에게 먹을거리를 주고, 광물 자원과 에너지를 줍니다. 그리고 우리가 살기 알맞게 온도를 조절해 주고, 쓰레기를 깨끗하게 처리해 주고, 놀이터와 삶의 터전을 제공해 줍니다. 또 배들이 다니는 고속도로도 되어 주지요. 무엇보다도 바다는 지구상에 생명체가 태어날 수 있게 해 준 고향입니다. 바다는 정말 우리에게 없어서는 안 되는 소중한 곳입니다. 바다는 우리의 희망이고 미래입니다. 우리는 이런 바다를 사랑하는 마음을 가지고 잘 보살피고 아껴야겠습니다.

김웅서 　한국해양연구원 해양자원연구본부장

차례

8 바다 이야기를 처음 읽는 아이들에게

우리를 둘러싼 바다

18 바다로 떠난 어느 용감한 항해가
23 바다는 지구에만 있어요
27 바다가 생긴 이야기
30 지구의 이불, 바다
34 우리 몸 속에 바다가 있어요!

바다 밑으로 들어가 보자

44 바다 밑에 무엇이 있을까?
48 바다가 색깔을 삼켰어요!
51 바다 밑 괴상한 물고기
54 고등어는 어디에 살까?
57 바다 밑에서 땅이 움직여요!
62 공룡 시대의 세계 지도
65 바닷속에 강이 흘러요
70 바닷물이 우르르 가라앉아요
72 바다 눈 이야기
75 파도는 어디서 올까?
78 무시무시한 지진 해일
81 달이 바다를 끌어당겨요

바닷속에 생태계가 있어요

- 88 고향으로 돌아간 고래와 비밀투성이 상어
- 92 서로 다른 바닷속 왕국
- 96 산호야, 고마워!
- 100 지옥의 문을 지키는 관벌레
- 103 식물 플랑크톤이 우리 모두를 살려요
- 108 눈에 보이지 않는 바닷속 장벽
- 112 바닷속 사계절

바다는 엄마예요

- 122 바닷물이 변해서 비가 되었어요
- 127 바닷물을 훔쳐가는 빙하
- 132 바다가 점점 높아지고 있어요
- 135 바다 밑 보물 창고
- 140 바다가 사라질 수도 있나요?

- 144 **바다 이야기를 다 읽은 아이들에게**
- 148 **아이들과 나누는 이야기**

바다 이야기를 처음 읽는 아이들에게

나는 원래 머리말을 안 쓰려고 했어요. 바다 이야기만 재미있게 쓰면 그게 가장 좋지요. 나는 여러분이 한번도 들어 보지 못한 말로 멋지게 첫 줄을 쓰고 싶었답니다.

그런데 멋진 말은 떠오르지 않고 자꾸 걱정이 되었습니다. 어쩌면 여러분은 바다에 대해서 알고 싶은 것이 하나도 없을지 모르잖아요. '바다 이야기가 시시하다고 하면 어떡하지?' 그렇게 생각하니까 겁이 나서 한 줄도 쓸 수 없었어요. 그래서 연필을 놓고 슬픈 얼굴로 앉아 있었습니다.

나는 바다를 연구하는 해양학자도 아니고, 바다를 누비는 해군도 아니에요. 그렇지만 바다가 신비하게 느껴집니다.

여러분이 지금 바닷가에 서 있다고 생각해 봐요. 파도가 밀려와 두 발을 적셔요. 두 손으로 바닷물을 떠 보세요. 투명한 바닷물이 손바닥에서 흘러내려요.

이 바닷물에서 구름이 태어납니다.

바닷물이 태풍을 자라게 해요.

바닷물이 모이고 모여서 지구를 둥그렇게 둘러싸고 있어요.

그리고 옛날 옛날 바닷물에서 지구의 첫 생명체가 태어났지요.

손바닥에 바닷물을 퍼올리면 그 속에는 눈에 보이지 않지만 아주 작은 생물들이 꼬물꼬물 살고 있어요. 깊은 바다에는 무시무시한 사냥꾼 백상아리와 세상에서 가장 커다란 흰긴수염고래가 헤엄치고 있고요. 더 깊은 바다에는 햇빛이라고는 눈곱만큼도 들어갈 수 없어요. 그래서 바다 깊은 곳은 우주보다 더 캄캄하지요. 하지만 그 곳에도 이 세상 어느 것과도 닮지 않은 괴물 물고기들이 살고 있어요. 멀리 우주에 살고 있을지도 모를 외계 생물처럼 말이에요.

바다 밑에는 무엇이 있을까요? 바다 밑에도 땅이 있어요. 그 곳에는 지구에서 가장 거대한 산맥과 까마득히 나이를 먹은 오래된 화산, 울퉁불퉁한 골짜기와 세상에서 가장 깊은 구멍이 있어요. 또 바다

밑바닥에는 커다란 강이 쉬지 않고 흐르고 있지요. 그 강이 얼마나 천천히 흐르는지 천 년에 지구를 반 바퀴 돈다는 거예요.

이건 비밀인데요, 과학자 아저씨들도 바다의 비밀을 아직 다 모른답니다. 여러분이 태어나기 전에 우주 비행사들이 달에 올라간 일이 있었어요. 그 뒤에도 우주 비행사 여럿이 달에 올라갔어요. 그런데 까마득하게 멀리 떨어져 있는 달을 걸어다녀 본 사람은 있지만, 아직까지 바다 밑바닥을 걸어다닌 사람은 없다는 거예요. 어쩌면 바다의 비밀은 우주의 비밀보다 더 늦게 밝혀질지도 모릅니다.

내가 하고 싶은 말은 이거예요. 내가 재미있게 쓰거나 재미있게 쓰지 못하더라도 바다는 언제나 신비롭고 위대하지요. 여러분이 그걸 알게 된다면 정말 좋겠습니다.

우리를 둘러싼 바다

이것은 지도예요. 바다가 주인공인 지도!

지도가 좀 이상하다고요? 그럼 책을 거꾸로 뒤집어 보세요. 지도는 원래 위도 아래도 없지요. 그러니까 지도를 뒤집어 놓거나 옆으로 눕혀서 보아도 아무 상관이 없어요.

이렇게 지도를 거꾸로 보면 바다가 잘 보여요. 북쪽만 빼고 우리나라 땅끝에는 모두 바다가 있어요. 동쪽에도 서쪽에도 남쪽에도 바다가 있어요. 어떤 나라는 바다에서 아주 멀리 떨어져 있어요. 몽골이나 스위스, 콩고 공화국에 사는 어린이는 바다를 보려면 멀리 나라 밖으로 나가야 한답니다. 하지만 우리나라에서는 북쪽만 빼고 어디로 가든 가까이서 바다를 볼 수 있지요.

바다에 가면 수평선을 볼 수 있어요. 넓고 넓은 바다 위에 높고 높은 하늘이 얹혀 있지요. 수평선을 한 번도 본 적이 없다면 다음 번에는 꼭 수평선을 오래오래 바라보세요. 수평선을 바라보면 마음이 이상해져요.

수평선 너머에는 뭐가 있을까요? 수평선 너머에도 바다가 있어요.

바다 끝에는 뭐가 있을까요?

남쪽 바다로 계속계속 가면 남극이 있어요. 서해 바다로 계속계속 가면 아프리카 대륙이 나오고, 동해 바다로 계속계속 가면 아메리카 대륙이 나오지요. 바다는 우리나라를 둘러싸고 멀리멀리 뻗어 있어요. 하지만 그것도 바다의 끝은 아니랍니다. 남극 너머에도 바다가 있고, 대륙 너머에도 또 바다가 있어요!

지구의 4분의 3은 바다이고, 바다 위에 점점이 솟아 있는 크고 작은 땅 위에 사람들이 살고 있어요. 커다란 땅을 대륙이라 부르고 작은 땅을 섬이라 부르지만, 넓고도 넓은 바다에서 보면 대륙도 섬처럼 작은 땅일 뿐이에요. 바다는 대륙을 모두 합친 것보다 훨씬 큽니다. 그래서 육지를 바닷속에 몽땅 집어 넣을 수도 있지요. 바다는 지구에 있는 땅을 모두 삼켜도 조금도 표가 나지 않아요. 지구는 바다로 가득 차 있습니다. 지구에는 큰 바다가 5개 있습니다.

가장 큰 바다가 태평양, 다음이 대서양, 인도양, 남극해, 북극해입니다.

이름이 달라도 바다는 모두 하나예요.

지구의 바다는 서로 이어져 있어요.

바다로 떠난 어느 용감한 항해가

옛날에 사람들은 바다가 지구를 둘러싸고 있다는 걸 꿈에도 생각지 못했어요. 옛날 사람들은 바다 너머가 지구의 끝이라고 생각했어요. 지구는 동전처럼 납작하고, 납작한 지구를 따라 끝까지 가다 보면 바다가 무시무시한 폭포로 변해 끝없이 아래로 떨어진다고 믿었지요. 하지만 그렇게 생각하지 않은 사람도 가끔은 있었어요.

옛날 옛날 지금으로부터 500년쯤 전에 유럽의 서쪽 나라 스페인에 아주 용감하고 인내심 많은 사람이 살고 있었어요. 그 사나이는 페르디난드 마젤란, 용감한 항해사이고 군인이었지요.

마젤란은 지구가 공처럼 둥그렇고, 둥근 지구를 바다가 둘러싸고 있다고 생각했어요. 그래서 배를 타고 앞으로 앞으로 나아가면 지구를 한 바퀴 돌 수 있을 것이라 여겼지요.

마젤란은 왕을 꾀었어요. 왕은 배 다섯 척과 선원 265명을 내주었지요. 1519년 9월 20일 화요일 아침에 마젤란은 죽을지 살지도 모르는 채 용감하게 바다로, 바다로 모험을 떠났답니다.

마젤란은 배를 타고 서쪽 바다로 나아갔어요. 대서양을 건너고 천신만고 끝에 아메리카 대륙도 지났어요. 그리고 여지껏 누구도 건너간 적 없는 넓고 넓은 바다에 이르렀지요. 마젤란은 그 바다를 태평양이라 이름짓고 항해를 계속했어요.
태평양은 어머어마하게 넓었답니다! 가도가도 물, 짜디 짠 바닷물뿐이었어요. 선원들은 썩어서 구역질이 나는 물을 마셨고, 먹을 것이 없어서 쥐를 잡아먹어야 했어요. 톱밥을 밥에 섞어

먹었고, 그 다음에는 돛을 묶었던 가죽끈을 뜯어 먹었지요.
입에서는 누런 고름이 줄줄 흐르고, 뼈만 남은 채 굶어 죽은
귀신처럼 끔찍한 얼굴로 배 위에 누워 있었어요.
어찌어찌하여 배는 어마어마하게 넓은 태평양을 건너 필리핀에
닿았지요. 마젤란은 가슴을 쓸어내렸어요. 이제부터는 집으로
가는 길을 알고 있으니 지구를 한 바퀴 돈 것이나 다름없었어요.
하지만 마젤란은 처음에 출발했던 곳, 스페인으로 영영 돌아가지

못했습니다. 마젤란은 필리핀의 어느 조그만 섬에서 원주민과 싸우다가 죽고 말았어요. 그 후에 배는 필리핀을 떠나 인도양을 지나 아프리카를 돌아 마침내 유럽의 서쪽 끝, 처음 떠났던 스페인으로 돌아왔어요. 처음 떠날 때는 배에 265명이 타고 있었지만 겨우 19명만 살아 돌아왔어요.

마젤란은 고향에서 상은커녕 무덤 한 자리도 얻지 못했어요. 세계를 일주했다는 명예는 다른 사람이 차지했어요. 마젤란의 아내와 아들이 불쌍하게 살다가 죽은 다음에야 사람들은 마젤란을 다시 기억했어요. '마젤란 함장님은 진정 용감하고 위대했노라! 지구를 한 바퀴 돌려고 아무도 가 본 적 없는 바다로 용감하게 떠났노라!' 하고 말이에요.

마젤란 덕분에 아버지는 자기 아이에게, 또 선생님은 학생에게 자신 있게 말할 수 있게 되었답니다.

"지구는 공처럼 둥글게 생겼단다. 바다가 둥근 지구를 둥그렇게 둘러싸고 있지."

바다는 지구에만 있어요

바다는 우주에서 가장 신비로운 곳이에요.
이렇게 말하면 여러분은 "아니에요. 블랙홀이 더 신비로워요"
하고 말하겠지요. 블랙홀은 우주에 여럿 있지만 바다는 그렇지
않아요. 바다는 지구에만 있지요.
우주선을 타고 하늘 높이 올라가 지구를 보면 지구가 파랗게
보여요. 바다가 지구를 덮고 있어서 지구가 파랗게 보이지요.
1억 5천만 킬로미터 떨어진 태양에서 날아온 빛이 바닷물에
부딪혀 보석처럼 파란빛을 만든답니다. 과학자들은 지구 같은
행성이 또 있나 하고 몇십 년 동안 끈질기게 우주를 조사해
보았어요. 하지만 그런 곳은 아직까지 하나도 찾지
못했습니다.

태양계에는 여덟 개의 행성과 수백 개의 위성이 있는데, 그 중 어느 곳에도 바다가 없지요. 달에도 금성에도 화성에도 바다가 없어요. 수성에도 목성에도 토성에도 해왕성, 천왕성에도 바다가 없고요.

그럼 태양계 밖에는 바다가 있을까요? 태양계 밖에는 별과 별을 도는 행성이 엄청나게 많이 있습니다. 우주에는 1,000억 개 곱하기 1,000억 개나 되는 별이 있고, 100억 개 곱하기 100억 개나 되는 행성이 있지요. 이렇게 넓은 우주에서도 지구와 똑같은 바다가 있는 곳은 아직 발견하지 못했습니다.

바다는 아무 별, 아무 행성에서나 생길 수 없답니다! 바다가 생기려면 수소 원자 2개와 산소 원자 1개로 된 물이 많이 있어야 해요. 그런데 그냥 물이 있기만 해서도 안 됩니다. 행성의 온도와 대기(공기)의 양과 중력 따위가 적당히 맞아야 하지요. 지구보다 뜨거워도 안 되고 추워도 안 돼요. 지구보다 공기가 적어도, 중력이 약해도 바다가 생기기 어렵거든요.

추운 행성에서는 물이 영원히 얼어 있습니다. 설령 물이 있다고 해도 말이에요. 뜨거운 행성에서는 물이 부글부글 끓어 수증기가 되어 버리지요. 대기가 적은 곳에서도 압력이 낮아져 물이 금세 수증기가 되어 버려요. 중력이 약한 곳에서는 끌어 당기는 힘이 약해서 물이 우주 공간으로 날아가요.

지구는 딱 맞게 따뜻하고, 딱 맞게 공기가 있고, 딱 맞게 중력이 세지요. 지구에서는 바닷물이 지구 밖으로 날아가지 않습니다. (정확히 말하면 바닷물은 100만 년에 1밀리미터씩 우주 공간으로 사라집니다. 이것은 너무나 작은 수치이기 때문에 눈에 띌 만큼 바닷물이 줄어들려면 수조 년이 걸립니다.) 이것이 얼마나 다행스러운 일인지 여러분은 모를 거예요. 금성이나 화성에도 바다가 있었는데, 까마득한 옛날에 다 우주로 날아가 버렸거든요. **다행히 지구의 바닷물은 우주로 날아가지 않고, 조금도 줄어들지 않고, 언제나 그대로랍니다.**

바다가 생긴 이야기

지구가 처음 생겼을 때 하늘에는 메탄과 이산화탄소, 황화수소가 가득 차 있었어요.

지금 지구에는 넓고도 넓은 바다가 있지만 까마득한 옛날에는 그렇지 않았어요. 까마득한 옛날에는 지구에 바다가 없었어요. 한 방울도 말이에요. 그러다가 어느 때에 바다가 태어났어요. 과학자들은 "그때가 아마 38억 년 전일걸" 하고 말하지요. 38억 년 전에 지구는 지옥처럼 뜨거웠어요. 바위와 쇳덩어리가 녹아서 부글부글 끓고 있었지요. 날마다 화산이 폭발하고 지구 속에서 용암이 흘러나왔어요. 용암과 함께 수증기도 뿜어져 나왔어요. 이 수증기야말로 지구 역사에서 중요하고 또 중요한 것이었답니다. 수증기가 변해서 거대한 바닷물이 되었거든요.

지구 속에서 수증기가 어찌나 많이 뿜어져 나왔던지, 수증기가 식어서 물방울이 되었을 때 몇백 년 동안 줄기차게 비가 오고도 남을 지경이었지요.

낮에도 밤에도 비가 끝없이 내렸습니다. 빗물이 땅을 적시고 적시고 또 적셨어요. 빗물은 점점 낮은 곳으로 모여서 호수가 되었습니다. 그리고 호수가 점점 커져서 마침내 거대한 바다가 생겨났지요.

화산이 폭발할 때 수증기가 뿜어져 공중으로 올라갔어요.

지구가 조금씩 식자 수증기가 비로 변했어요.

이런 일은 지구에서 그 뒤로 두 번 다시 일어나지 않았습니다. **지구는 38억 년 전에 단 한 번 바다를 만들었어요.** 지금 지구에 있는 바닷물은 까마득한 옛날에 지구 속에서 올라온 것이랍니다.

빗물이 모여 호수가 되고 호수가 커져서 바다가 생겼어요.

처음에 바닷물은 싱거웠다!

바닷물은 왜 짤까? 비가 와서 흙이 바다로 떠내려갈 때 흙 속에 묻혀 있던 소금도 바다로 흘러 들어가기 때문이다. 흙과 소금이 오랫동안 바다로 흘러 들어가서 바다가 짜졌다. 이제 바다는 더 이상 짜지지 않는다. 바닷속 작은 생물들이 소금을 흡수하기 때문이다.

지구의 이불, 바다

바다가 생겨서 지구는 점점 살기 좋아졌어요. 바다가 지구를 알맞게 따뜻하게 해 주고 알맞게 시원하게 해 주거든요. 만약 바다가 지구를 덮고 있지 않다면 낮에는 너무 더워 살갗이 지글지글 타고 밤에는 너무 추워 살갗이 꽁꽁 얼어붙을 거예요. 바다가 없는 달 좀 보세요. 달에는 바다가 없어서 낮에는 온도가 127도까지 올라가고 밤에는 온도가 −173도까지 내려가지요. 오리털로 되어 있지도 않고 솜으로도 되어 있지 않지만 바다는 지구의 따뜻한 이불입니다. 바닷물이 모이고 모여서 이불처럼 지구를 따뜻하게 해 주지요. 바다는 물로 되어 있을 뿐인데 어떻게 지구를 따뜻하게 하거나 시원하게 해 줄까요?
바다는 끝없이 열을 담을 수 있고, 끝없이 열을 내보낼 수도 있어요.

낮에 태양 빛이 지구를 비추면 지구는 뜨거워져요. 지구가 태양 빛을 오래 받으면 엄청나게 뜨거워지는 게 옳지요. 달이 그런 것처럼 말이에요. 그런데 실제로 지구는 아주 뜨거워지지는 않습니다. 바닷물이 태양에서 나오는 열을 빼앗기 때문이에요. 바다는 태양에서 나오는 열을 바닷물 속에 자꾸자꾸 담아요.

낮에 바다는 바닷물 안에 태양열을 감추어 둡니다.

밤에 바다는 열을 조금씩 내보냅니다.

바다는 자기 몸 속에 태양에서 나오는 열을 아주 많이 감추어 두지요(물은 아주 특별한 액체예요. 물은 금속이나 모래, 공기, 다른 액체보다 훨씬 더 천천히 식고 천천히 뜨거워집니다). 바다가 태양열을 잡아먹는 동안에도 시간은 자꾸자꾸 갑니다. 어느새 밤이 오지요. 밤이 되어 태양이 비치지 않으면 어떻게 될까요? 이번에는 지구가 엄청나게 추워져야 옳지요. 달이 그런 것처럼 말이에요. 하지만 지구는 아주 추워지지는 않습니다.

이번에는 바다가 열을 조금씩 조금씩 내보내서 지구를 식지 않게 해 주지요. 놀라지 마세요. 바닷물 한 바가지가 1도 식을 때 나오는 열로 공기 3,000바가지를 1도 데울 수 있습니다. 그러니까 지구에서는 아무리 추워도 우리가 견딜 수 있을 만큼 춥고 아무리 더워도 우리가 견딜 수 있을 만큼 덥지요. 우리한테 바다가 있어서 그렇답니다.

우리 몸 속에 바다가 있어요!

우리는 육지에서 살고 있어요. 바다에는 가끔 놀러 가지요. 세상에는 죽을 때까지 바다를 한 번도 보지 못한 사람도 있어요. 그런데 바다 가까이 살거나 멀리 살거나 바다와 아무 상관이 없는 사람은 한 사람도 없습니다. 왜냐고요? 우리 몸 속에 '바다' 가 있기 때문이지요! 이상한 이야기지만 소와 토끼, 심지어 개미나 지렁이의 몸 속에도 바다가 있답니다.

이 이상한 이야기를 하려면 까마득히 먼 옛날로 거슬러 올라가야 합니다.

옛날 아주 먼 옛날에 생물은 모두 바닷속에서만 살았어요.

지금부터 4억 년 전까지 육지에는 아무것도 살지 않았고, 풀 한 포기 벌레 한 마리 없었습니다. 그럴 수밖에 없었어요. 육지는 굉장히 위험한 곳이었거든요. 날마다 화산이 폭발하고 땅 속에서 불과 용암이 올라오고 무시무시한 자외선이 인정 사정 없이 내리쬐었지요. 땅 위에도 바다 위에도 말이에요. 하지만 다행히도 바닷속까지는 무시무시한 자외선이 뚫고 들어올 수 없었어요.

태양 빛 속에는 자외선이 숨어 있다. 너무 많은 자외선은 생명체에게 몹시 해롭다. 자외선을 많이 쬐면 세포가 파괴된다.

바닷속은 안전했어요.

그리하여 바닷속에서 최초의 생명체가 탄생했습니다. 땅 위도 아니고 땅 속도 아니고, 바닷속에서 말이에요. 그 후에도 생물은 오랫동안 바다에서만 살았어요. 생물은 훨씬 나중에 육지가 안전해진 다음에 육지로 퍼져 나갔습니다.

바다 벌레 가운데 한 무리는 땅으로 올라와 곤충이 되었어요. 어떤 물고기는 발이 달리고 공기 중에서 숨쉴 수 있게 되었어요.

물고기는 땅에서도 살 수 있고 물에서도 살 수 있는 양서류로 진화했어요.
그리고 어떤 양서류는 파충류로 진화했습니다. 파충류는 물이 없는 곳에서도 잘 살 수 있었지요. 어떤 파충류는 포유류로 진화했어요. 포유류는 파충류처럼 알을 낳지 않고 새끼를 낳아 젖을 먹여 키웠습니다.

> 육지가 어떻게 안전해졌을까?
> 바닷속 생물들이 맨 처음 산소를 만들었고 산소와 산소가 합쳐져 오존층이 되었다. 오존층이 지구에 내리쬐는 강한 자외선을 막아 주어 육지에서도 생물이 살 수 있게 되었다.

모두 모습도 먹이도 사는 방법도 점점 더 많이 변해갔어요.

모두 모습도 먹이도 사는 방법도 점점 많이 변해갔어요.
처음에는 바다 벌레와 물고기와 식물의 조상이 육지로 퍼져
나갔어요. 그리고 점점 자손을 퍼뜨렸지요. 바다 생물은 육지
생활에 맞게 차츰차츰 모습이 변했어요.

태초에 생물이 바다에서 태어나 바다에서 진화했기 때문에,
개구리와 사자와 개미와 사람도 물고기처럼 몸 속에 '바다의
유산'을 지니고 있습니다.

**바다의 유산이란 다름 아닌, 우리가 어디서나 볼 수 있는 것,
흔하디 흔한 것, 바로 '물'이랍니다!**

사람의 몸은 거의 물로 되어 있어요. 놀라지 마세요. 여러분
몸에서 65퍼센트가 물이랍니다. 감자는 80퍼센트, 소는
74퍼센트, 세균은 75퍼센트, 토마토는 95퍼센트가 물이에요.
그래서 몸 속에 있는 물이 빠지면 끔찍한 일이 일어나지요. 며칠
사이에 입술이 사라져 버리고 쭈글쭈글 구멍만 남아요. 코도
뼈만 남아서 도저히 못 봐줄 지경이 되고요. 살갗도
쭈그러들어서 마지막에는 죽은 나뭇잎처럼 납작하고

바삭바삭하게 되지요.

만약 생물이 맨 처음 육지에서 생겨나 육지에서 진화했다면 지금 어떤 모습일까요? 살과 근육 속에 물 대신 덜그럭덜그럭 흙 알갱이가 들어 있는 건 아닐까요? 그 정도라면 다행이고, 아마도 우리가 상상도 할 수 없는 모습을 하고 있겠지요?

바다
밑으로
들어가 보자

바닷속으로 사람이 얼마나 깊이 들어갈 수 있을까요? 지금부터 80년쯤 전에 두 남자가 이렇게 결심했어요. "죽기 전에 바다 깊은 곳에 들어가 봐야겠어!" 한 사람은 비브, 또 한 사람은 바턴이었어요.

비브와 바턴은 튼튼한 쇠로 잠수구를 만들었어요. 잠수구는 공처럼 생겼고 수정으로 만든 조그만 창문이 두 개 있었어요. 잠수구가 좁아서 비브와 바턴은 꼭 붙어 있어야 했지요. 비브와 바턴은 잠수구를 타고 바닷속 180미터까지 내려갔어요. 잠수구는 조종을 할 수 없었기 때문에 긴 줄에 매달려서 두레박처럼 내려갔지요.

다음 번에 비브와 바턴은 904미터까지 내려가서 세계 신기록을 세웠어요. 잠수구 안에는 전구가 켜져 있었지만 수정 창문을 통해 바다를 보니 코앞도 무척 어두웠어요. 그래서 깊은 바닷속에 무엇이 있는지 자세히 볼 수 없었어요.

1953년에는 물리학자 피카르 씨가 잠수정을 만들었습니다. 잠수정은 잠수구보다 더 편리했어요. 피카르 씨는 아들과 함께 바닷속 3,300미터까지 내려갔어요. 1960년에 아들 피카르는 잠수정을 타고 어떤 사람보다도 더 깊이 바닷속으로 내려갔어요. 세계에서 가장 깊은 바다, 마리아나 해구 바닥까지 내려갔지요. 그곳은 바닷속 10,916미터나 되었어요.

그 뒤 누구도 그렇게 깊은 바닷속에 들어가지 못했습니다. 해양 과학자들은 깊은 바닷속을 탐험하고 싶어했지만 아무도 바닷속을 살피는 데 그렇게 돈을 많이 쓰고 싶어하지 않았어요. 오늘날에도 바다 깊은 곳을 탐험할 수 있는 심해 유인 잠수정은 몇 대 되지 않습니다. 앨빈 호, 노틸 호, 신카이 호, 미르 호가 있는데 우리나라 해양과학자인 김웅서 박사님은 노틸 호를 타고 태평양 5,000미터 바닷속을 탐험했습니다.

바다 밑에 무엇이 있을까?

바닷속은 어떻게 생겼을까요?

바다 밑에도 땅이 있어요. 호수 밑에 땅이 있듯이 바다 밑에도 땅이 있어요. 아무리 깊이 들어가도 바닷속 어디에나 땅이 있지요. 지구에 있는 바닷물을 모두 하늘로 날려 보낸다면 바다 밑 땅을 볼 수 있을 거예요.

바다 밑에 있는 땅도 육지처럼 울퉁불퉁해요. 산과 언덕, 골짜기와 평원이 있어요. 어떤 곳은 너무 깊어서 깊이를 재기 힘들고, 어떤 곳은 산처럼 높지요. 바다 밑에 있는 산이 아주 높으면 물 위로 튀어나와 섬이 됩니다.

바다에서 가장 깊은 곳은 태평양 아래에 있어요. 깊이가 11,304미터나 되지요. 하지만 바다가 아무리 깊다고 해도 달보다는 훨씬 가까워요. 달은 지구에서 380,000,000미터

떨어져 있어요. 그렇게 멀리 있는 달에도 사람들이 다녀왔어요. 달에서 산책도 하고 돌멩이도 주워 왔어요. 하지만 달보다 훨씬 가까운 바다 밑바닥을 걸어다닌 사람은 아무도 없어요.

과학자들은 달에 분화구가 몇 개 있는지, 화성에 산이 몇 개 있는지 알고 있어요. 하지만 지구의 바닷속은 비밀투성이에요. 바다를 연구하는 과학자들은 달 지도나 화성 지도가 바닷속 지도보다 더 낫다고 속상해하지요. 우리들은 바닷속 비밀을 아주 조금밖에 몰라요.

바다 밑에 땅이 있어요

대륙사면
대륙붕 끝자락. 수심 200미터~3,000미터. 대륙붕을 지나면 경사면이 있다. 강에서 흘러온 퇴적물이 경사면을 따라 흘러내린다.

대륙붕
바다에 잠겨 있는 육지의 가장자리. 완만한 경사면을 이루고 있는 수심 200미터까지의 바다. 바다 생물이 가장 많이 살고 있다. 해초가 흔들리고, 작은 바다 생물이 떠다니고, 물고기 떼가 먹이를 찾아 분주하게 헤엄쳐 다닌다.

해저산
바다 밑에서 화산이 폭발해 해저산이 된다. 울릉도와 제주도와 독도는 원래 해저산이었다. 해저산이 점점 높아져서 물 위로 나와 섬이 되었다.

해구
바다 밑 깊은 골짜기. 세계에서 가장 깊은 해구는 마리아나 해구다. 그 곳에서 가장 깊은 곳은 11킬로미터나 된다.

바다가 얼마나 깊은지 어떻게 알까?

옛날에는 밧줄에 추를 달아서 바닷속에 던졌다. 나중에는 무거운 밧줄 대신 가볍고 질긴 피아노 줄을 썼다. 지금은 수중음파 탐지기를 쓴다. 음파가 바다 밑바닥에 부딪혀서 되돌아오는 시간으로 바다 깊이를 알아 낸다.

세계 지도를 보면 바다 색깔이 조금씩 다르다. 색깔이 진할수록 바다가 깊다.

바다 밑바닥은 깨진 달걀 껍질처럼 여러 개의 아주 커다란 땅덩어리로 갈라져 있다. 갈라진 땅덩어리끼리 부딪힐 때 한쪽이 지구 속으로 가라앉기도 한다.

중앙 해저산맥
바다 밑에 있는 가장 거대한 산맥. 중앙 해저산맥의 길이를 합하면 4만5천~6만 킬로미터로, 히말라야 산맥, 알프스 산맥, 로키 산맥, 안데스 산맥을 모두 합친 것보다 더 길다.

심해평원
아주 깊은 바다 밑바닥. 수심 4,000미터 이하. 깊은 바다 밑바닥은 아주 넓고 울퉁불퉁하다. 지구가 생긴 뒤로 물 위로 드러난 적이 없다.

바다가 색깔을 삼켰어요!

바닷속은 캄캄해요. 그래서 우리는 바다 밑에 숨어 있는 땅을 볼 수 없어요. 웅장한 산맥도 깊은 골짜기도 보이지 않아요. 전등을 켜도 안 보여요. 아무리 좋은 전등이 있어도 몇 걸음 앞만 겨우 볼 수 있을 뿐이에요. 바다 밑에 있는 골짜기와 산맥과 울퉁불퉁한 언덕은 모두 음파 탐지기 같은 기계와 컴퓨터 덕분에 알아낸 거예요.

바다는 왜 캄캄할까요?

물이 많으면 햇빛이 잘 뚫고 들어가지 못해요. 그래서 바다 깊이 들어갈수록 햇빛이 점점 사라지지요. 이상한 건 햇빛이 사라질수록 색깔도 점점 사라진다는 거예요!

바닷속 10미터도 채 안 돼서 빨간색이 어디론가 사라져요. 빨간색이 사라진 곳에서는 빨간 물고기가 검은 물고기로 보인답니다. 어두컴컴한 곳에서 검은 것은 눈에 잘 띄지 않지요. 그래서 빨간 물고기는 다른 물고기한테 잡아먹히지 않고 잘 살아남았어요. 바닷속에 사는 작은 물고기는 빨간색이 많답니다.

빨간색 다음에는 주황색과 노란색이 사라져요. 다음에는 초록색이 사라지고, 파란색이 사라지고, 마지막에 보라색이 사라지면 바다는 완전히 캄캄해집니다.

바다에 햇빛이 비치는 곳은 수면 아래 겨우 200미터까지예요.

옛날 이야기에 나오는 용궁과 인어공주가 헤엄치는 곳은 바다의 꼭대기일 뿐이지요. 바닷속은 대부분 캄캄합니다. 아주 맑은 물에서는 600미터 정도까지 햇빛이 어슴푸레하게 들어오지만 그 아래는 완전히 어둠의 세계랍니다.
지구에 바다가 생긴 뒤로 바다 깊은 곳에는 지금까지 햇빛이라고는 눈곱만큼도 들어온 적이 없습니다. 그곳은 자기 손가락이 몇 개인지 알아볼 수 없을 만큼 캄캄해요. 바다는 캄캄한 시골 밤보다 더 캄캄하고, 캄캄한 우주보다 더 캄캄하지요.

바다 밑 괴상한 물고기

깊은 바다에 사는 물고기는 몹시도 괴상하게 생겼어요. 캄캄하고 먹이도 별로 없는 곳에서 살아가려면 괴상하지 않으면 안 된답니다.

깊은 바닷속에 사는 물고기는 가까이 오는 것은 무엇이든 먹을 수 있어야 해요. 그래서 이빨이 굉장히 날카롭고 입이 아주 크지요. 먹이를 찾으려면 눈알이 튀어나올 만큼 눈이 크고 시력이 좋아야 해요. 몸이 투명하면 적에게 보이지 않아서 더 좋아요. 하지만 더 깊은 곳, 완전히 캄캄한 바다 밑에서는 눈이 좋은 것도 몸이 투명한 것도 소용없어요. 어차피 보이지 않으니 캄캄한 곳에 사는 물고기는 눈이 작거나 아예 장님이지요. 대신 몸에 옆줄이나 구멍, 안테나 같은 감각 기관이 있어서 아주 작은 진동도 느낄 수 있어요.

깊고 캄캄하고 먹이가 별로 없는 곳에서는 시간도 느릿느릿 가는 것처럼 느껴져요. 바다 깊은 곳에는 수천만 년 전, 수억 년 전에 생겨난 물고기들이 아직도 숨어 살고 있어요. 다른 생물처럼 진화하지 않고, 위쪽 바다에서 무슨 일이 일어나든 상관하지 않고, 그 모습 그대로 깊은 바닷속에 꽁꽁 숨어 살고 있지요.

깊은 바닷속에 숨어 사는 물고기

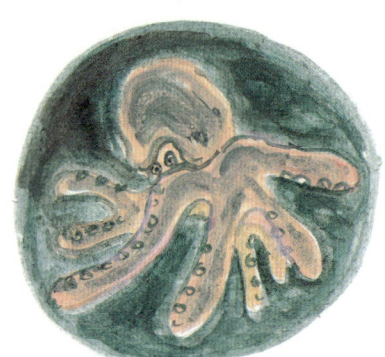

심해오징어 몸이 거의 투명하다. 큰 물고기가 다가오면 은빛물을 구름처럼 내뿜고 도망친다. 큰 물고기는 은빛물이 먹이인 줄 안다.

초롱아귀 마음대로 껐다 켰다 할 수 있는 등불을 머리에 달고 다닌다. 등불을 보고 물고기가 다가올 때 재빨리 문다.

도끼고기 조금이라도 잘 보려고 눈이 크고 앞으로 툭 튀어나와 있다.

세다리물고기 장님이다. 더듬이처럼 생긴 지느러미로 먹이를 찾는다.

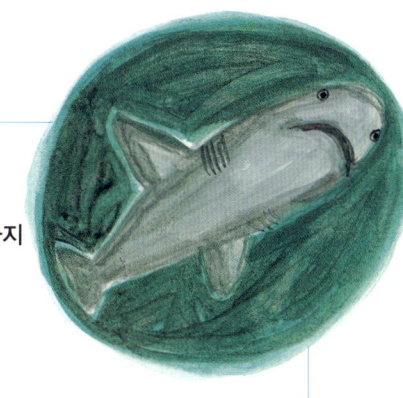

여섯줄아가미 상어 1억 5천만 년 동안 변하지 않은 채 바다 깊이 숨어 살고 있다.

풍선장어 몸이 거의 다 입이다. 입을 우산처럼 쫙 벌려서 자기만 한 물고기도 꿀꺽 삼킨다.

바다 깊은 곳에 사는 물고기와 조개 느릿느릿 자라고 느릿느릿 늙는다. 3,800미터 아래에 사는 어떤 조개는 100살인데, 30살에 처음 알을 낳았다.

대왕오징어 덩치는 트럭 세 대를 합친 것보다 크고 눈은 접시만 하다. 다리를 펼치면 커다란 고래를 친친 감을 수도 있다. 죽은채로 바닷가에서 발견된 적은 있지만 아무도 살아 있는 대왕오징어를 보지 못했다.

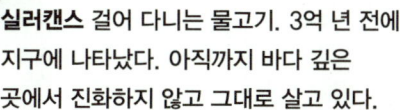

실러캔스 걸어 다니는 물고기. 3억 년 전에 지구에 나타났다. 아직까지 바다 깊은 곳에서 진화하지 않고 그대로 살고 있다.

고등어는 어디에 살까?

깊고 캄캄한 아래쪽 바다에 비하면 위쪽 바다는 물고기가 살기 좋은 곳이에요. 햇빛이 비치고 산소가 풍부하고 먹이도 많고 바닷물도 알맞게 시원하지요. 우리가 잘 아는 물고기는 대부분 이곳에 살고 있어요. 파도가 치는 수면과 수면 아래 200미터 사이에 고등어와 청어, 명태와 조기, 갈치, 다랑어, 정어리, 멸치

등이 살고 있어요.

이런 물고기들은 빠르게 헤엄치며 끊임없이 바다를 누비며 살아갑니다. 그에 비하면 깊은 바다에 사는 괴상한 모습의 물고기들은 우물 안 개구리이지요. 태어난 곳에서 멀리 가지 않고, 다가오는 먹이를 기다리며 살아가니까요. 하지만 위쪽 바다에 사는 물고기들은 먹이와 알 낳을 곳을 찾아 때때로 수천 킬로미터를 헤엄쳐 가야 해요.

이 곳에 사는 물고기들은 거의 모두 헤엄치기 선수예요. 재빨리 도망쳐야 살 수 있고, 또 재빨리 쫓아가야 먹이를 잡을 수 있지요.

고등어는 아주 빠르게 헤엄칠 수 있어요. 몸무게라야 1킬로그램이 채 안 되지만 시속 50킬로미터로 빠르고 멋지게 헤엄을 치지요. 사냥꾼 물고기는 그보다 더 빠르게 헤엄칠 수 있어요. 청새치, 돛새치, 황새치는 시속 100킬로미터로 헤엄칠 수 있지요. 그러다보니 작은 물고기들은 잡아먹히지 않으려고 떼를 지어 살게 되었어요. 아프리카 초원의 얼룩말과 누와 영양 떼를 생각해 보세요. 잡아먹히기 쉬운 동물들은 떼를 지어 살면 훨씬 안전하지요. 그 이치는 바닷속도 마찬가지라서 **청어, 고등어, 멸치, 대구와 정어리는 수백 마리 수천 마리 심지어 수만 마리가 떼를 지어 살아가요.**

하지만 아무리 빨리 헤엄치고 떼를 지어 살아도 잡아먹히는 것을 완전히 피할 수는 없답니다. 그래서 작은 물고기는 낮에는 좀 더 깊고 어두운 곳으로 내려가서 숨어 지내지요(하지만 먹이가 가는 곳에는 사냥꾼도 따라가는 법. 큰 물고기도 따라서 어두운 곳으로 내려가지요). 그리고 밤이 되면 먹이를 찾아 위쪽 바다로 올라갑니다.

바다 밑에서 땅이 움직여요!

이제 캄캄한 바다 아래서 일어나고 있는 일을 말해 줄게요. 바닷속에 있는 땅이 스르륵스르륵 꾸불꾸불 움직이고 있어요. 아주아주 천천히, 그렇지만 잠시도 쉬지 않고! 바다가 생기고 38억 년 동안 깊은 바다 밑에 있는 땅은 조금도 쉬지 않고 움직이고 있어요. 일 년에 겨우 몇 센티미터씩 옆으로 옆으로 움직이고 있습니다. 일 년에 겨우 몇 센티미터 움직인다면 아무리 뚫어지게 쳐다보아도 땅이 움직이는 걸 알 수 없지요. 그런데 과학자들은 어떻게 땅이 움직인다는 걸 눈치챘을까요? 맨 처음에 과학자들은 바다 밑에서 큰 산맥을 발견했어요. 과학자들은 이 산맥을 중앙 해저산맥이라고 불렀습니다. 중앙 해저산맥은 지구에 있는 어떤 산맥보다 길고 우람했어요. 과학자들은 중앙 해저산맥에 있는 바위의 나이를 조사했어요.

그런데 산맥에서 멀어질수록 바위의 나이가 점점 더 많아지는 것이었어요. 산맥 가까이 있는 바위는 나이가 젊었고 산맥에서 양쪽으로 멀리 갈수록 오래된 바위였어요.

이게 어떻게 된 일일까… 과학자들은 우왕좌왕했어요. 그러다가 마침내 놀랍고 신비롭고 엄청나고도 중요한 결론을 내렸어요.

바로, 바다 밑에 있는 땅이 옆으로 갈라진다는 것이었어요!
바다 밑에는 땅이 있고 땅 아래에는 뜨거운 용암이 있지요.
용암은 중앙 해저산맥을 가르고 올라와 바닷속에 새로운 땅을
만들어요. 용암이 솟아올라 굳어져 새로운 땅을 자꾸자꾸
만드니까 먼저 생긴 땅은 옆으로 옆으로 밀려갑니다. 그래서

해저산맥에서 가까울수록 새로 생긴 땅이고, 산맥에서 멀수록 오래된 땅이지요.

바다 밑바닥에서는 지금도 날마다 땅이 생겨나고 있어요. 여러분이 잠자거나 밥 먹거나 똥 눌 때에도 땅이 움직이고 있지요. 그런데 새로 생긴 땅한테 밀려난 헌 땅은 어디로 갈까요? 땅이 끝없이 옆으로 갈 수는 없습니다. 그러면 지구가 자꾸자꾸 늘어나야 할 테니까요. 지구는 조금도 늘어나지 않고 그대로 있지요. 밀려난 땅은 아래로 푹 꺼집니다. 바다 밑 땅보다 더 아래, 용암을 뿜어 올린 지구 속(맨틀)으로 들어가지요. 지구 속으로 들어간 땅은 녹아서 용암이 되어 흐르다가 언젠가는 다시 해저산맥을 뚫고 올라옵니다. **바다 밑 지구 속에서 끝없이 땅이 올라왔다가 다시 지구 속으로 되돌아가지요.** 올라오고 내려가고, 또다시 올라오고 또다시 내려가고…. 바다 아래에서는 이런 일이 38억 년 동안 쉬지 않고 이어지고 있습니다.

공룡 시대의 세계 지도

2억 5천만 년 전

2억 2천만 년 전

바다 밑 땅이 움직이면 우리가 살고 있는 육지는 가만 있을까요? 까마득한 옛날에 육지는 지금과 모양이 달랐습니다. 2억 5천만 년 전쯤 지구는 아메리카, 아프리카, 아시아, 오스트레일리아, 남극 대륙이 모두 한데 붙어 있었어요. 2억 2천만 년 전쯤 대륙이 점점 갈라지고 틈이 벌어졌어요. 1억 3천만 년 전쯤에 유라시아 대륙과 아메리카 대륙이 벌어져서 대서양이 생겼어요. 아직 대륙이 이어져 있어서 공룡들이 걸어서 대륙과 대륙을 왔다 갔다 했어요.

8천만 년 전쯤이 되자 인도 대륙이 아시아 대륙쪽으로 움직이기

8천만 년 전

오늘날

시작했어요. 나중에 인도 대륙은 아시아 대륙과 부딪혔어요. 그때 땅이 엄청난 힘을 받아 찌그러지며 솟아 올랐어요. 그게 세계에서 가장 높은 히말라야 산맥이 되었지요.

지금도 인도 땅은 일 년에 17센티미터씩 북쪽으로 움직이고 있어요. 인도 땅은 북쪽으로 가려 하고 아시아 대륙은 뒤로 물러나지 않으니, 가운데 있는 히말라야 산맥은 어찌 될까요?

히말라야 산맥은 날마다 높아지고 있어요.

아프리카 대륙도 북쪽으로 밀려가고 있어요. 그래서 날마다 지중해를 찌그러뜨리고 있지요.

지구 반대편에서는 아메리카 대륙이 서쪽으로 밀려나면서 대서양이 점점 커지고 있어요. 대서양이 커지는 만큼 태평양은 줄어들고 있지요.

우리나라 한반도는 어떤 여행을 해 왔을까요? 5억 년 전까지 한반도는 훨씬 남쪽, 적도 아래에 있었어요. 그것도 바닷속에 잠겨 있었지요! 그러다가 북쪽으로 북쪽으로 올라와 공룡이 살던 쥐라기 시대에 지금처럼 북위 38도, 북반구 가운데 있게 되었습니다.

 까마득히 먼 옛날부터 지금까지 바다 밑에 있는 땅은 쉬지 않고 조금씩 움직이고 있어요. 그 위에 있는 육지도 함께 조금씩 움직였지요. 아주 먼 훗날 우리나라와 세계의 지도는 어떻게 달라질까요?

바닷속에 강이 흘러요

이제부터 여러분은 상상력에 불을 켜야만 해요. 볼 수도 들을 수도 없는 것을 상상해야만 하니까요. 자, 여러분이 알고 있는 가장 크고 힘찬 강을 떠올려 보세요. 그런 다음 그 강이 바닷속에 들어 있다고 상상해 보는 거예요. 바닷속에도 강이 흐르고 있답니다! 바닷물 속에 또 물로 된 강이 흐르고 있지요. 상상할 수 있나요?

바닷속 강은 아주아주 크고 아주아주 길어요. 한강보다 백 배나 더 크고 백 배나 더 길지요. 그렇게 큰 강이 넓고 넓은 바다를 가로질러 유유히 흐르고 있어요. 바닷속 강은 어디에서 어디로 흘러갈까요?

어떤 바닷속 강은 오른쪽에서 왼쪽으로, 또 어떤 바닷속 강은 왼쪽에서 오른쪽으로 흘러가지요. 육지에서는 강이 높은 데서 낮은 데로 흐르지만, 바다에서는 강이 평평하게 흐릅니다. 바다 위에는 세찬 바람이 날마다 불고 있어요. 세찬 바람이 바다를 오른쪽에서 왼쪽으로 쓸고 지나가면 바닷속 강도 같은 방향으로 흐른답니다. 바닷속 강은 세찬 바람이 부는 곳에서 생겨나 힘이

다할 때까지 바닷속을 흘러가지요. 그런데 바람이 무슨 수로 강을 만들까요?

바람이 세차게 바다 위를 지나가면서 맨 위에 있는 바닷물을 잡아당겨요. 이 바닷물이 조금 더 아래 바닷물을 잡아당기면 이 바닷물이 또 더 아래 바닷물을 잡아당겨요. 이런 일이 자꾸 일어나서 바닷속에 거대한 강이 흐르게 되었어요.

이렇게 바닷속에 강물이 흐르는 걸 해류라고 불러요. 해류는 모두 40개쯤 있어요. 그 중에 따뜻한 강을 난류, 차가운 강을 한류라고 하지요. 난류는 열대 지방 따뜻한 바다에서 흘러 나오는데 추운 바다를 지날 때에도 따뜻해요. 반대로 한류는 추운 극지방에서 흘러 나오는데 따뜻한 곳을 지날 때에도 여전히 차갑지요.

해류는 바닷속 고속도로와 같아요. 물고기가 넓은 바다에서 기나긴 여행을 떠날 때, 해류가 없다면 죽을 똥 살 똥 헤엄을 쳐야만 하지요. 하지만 해류를 타고 가면 먼 길을 쉽고 빠르고 우아하게 오갈 수 있답니다.

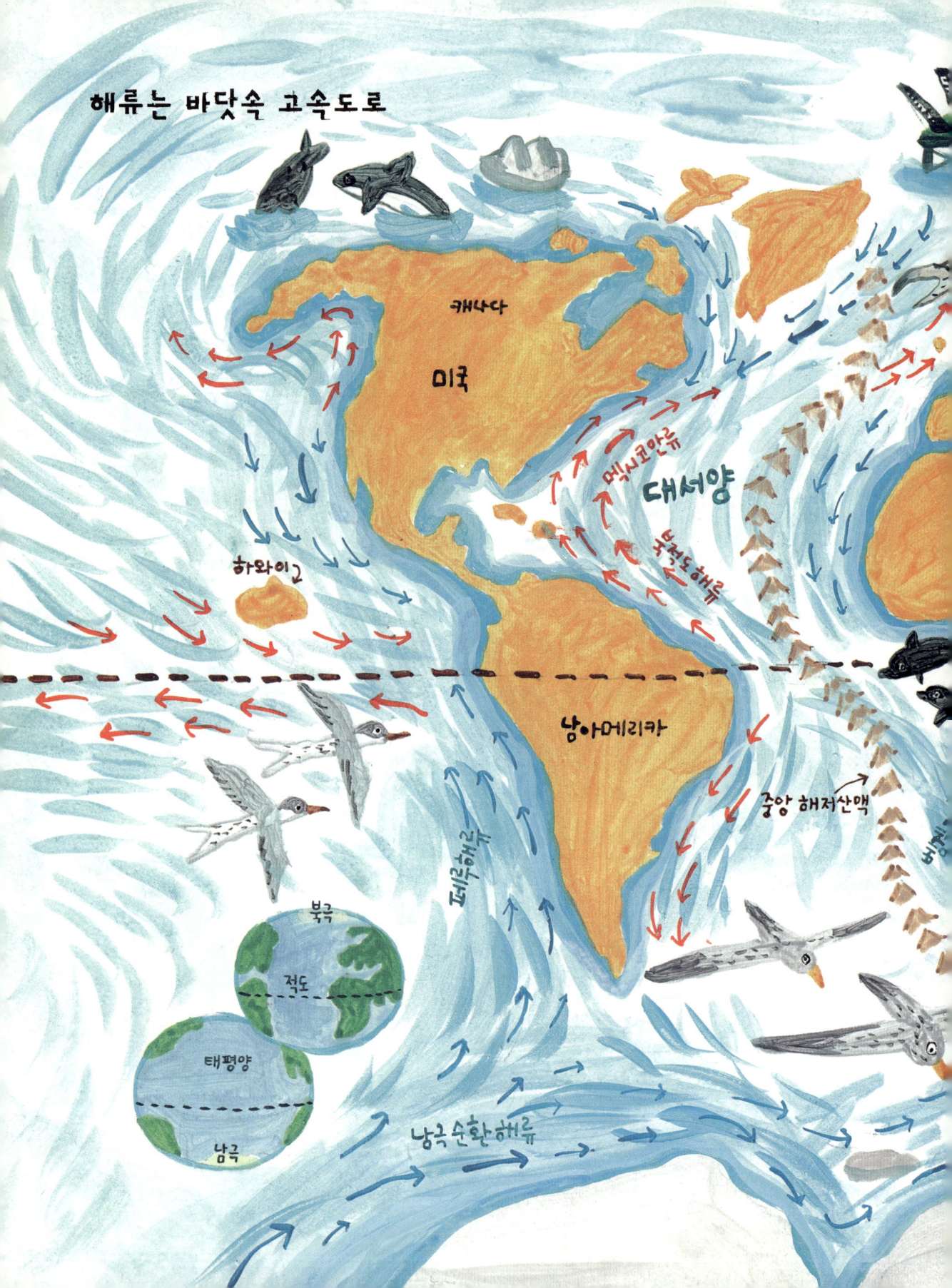

바닷물이 우르르 가라앉아요

바닷속에는 폭포도 있어요. 바닷속 강을 눈으로 볼 수 없는 것처럼 바닷속 폭포도 눈으로 볼 수 없고 오로지 상상으로만 볼 수 있어요. 소리도 들으려야 들을 수 없지요. 북극과 남극의 바다에서는 나이아가라 폭포의 수백 배나 되는 엄청난 물이 우르르르르르 아래로 떨어지고 있어요.

옆도 위도 아래도 온통 물뿐인 바닷물 속에 어떻게 폭포가 생겨날까요?

그것은 바닷속에 무거운 물과 가벼운 물이 있기 때문이에요. 무거운 물이라니? 쇠가 들어 있나? 여러분은 이렇게 생각할지도 모릅니다. 바로 그거예요. 쇠는 아니지만 **소금이 많이 들어 있는 물은 그렇지 않은 물보다 더 무겁답니다. 또 차가운 물은 따뜻한 물보다 더 무겁고요.** 그러니까 소금이 많이 들어 있고 차가운

물은 무거워져서 아래로 가라앉지요.

북극과 남극의 바닷물은 다른 곳의 물보다 더 차갑고 더 짭니다.

극지방에는 날씨가 추워서 빙하가 많이 생기는데, 이 때 소금은

얼지 않고 물만 얼지요. 물은 얼음이 되지만 소금은 그대로

바닷물에 남아 있으니까 바닷물이 다른 곳보다 더 짜답니다.

북극과 남극 지방에서는 바닷물이 더 짜고 차가워서 무거워지고,

아래로 아래로 떨어집니다. 들을 수 없고 볼 수도 없지만 이 세상

어떤 폭포보다 더 웅장하지요.

그런데 극지방의 바닷물은 가라앉으면서 아래에 있던

물을 옆으로 밀어 냅니다. 밀려난 북극과 남극의 물은

적도 쪽으로 느릿느릿 흘러가지요. 상상해 보세요. 깊고 깊은

바다 밑바닥에서 차가운 물이 느릿느릿 흘러가고 있어요!

어찌나 느린지 태평양, 대서양, 인도양을 도는데

천 년이 걸린답니다.

바다 눈 이야기

어젯밤에 눈이 내렸어요. 여러분은 이불 속에 누워서도 눈이 내리는 걸 상상할 수 있지요. 캄캄한 밤이라서 앞이 보이지 않아도 얼마든지 상상할 수 있어요. 그렇게 하면 된답니다. 바다 밑바닥에 내리는 눈을 보려면!
캄캄한 바다 밑에도 눈이 오고 있어요. 눈은 눈이지만 얼음으로 되어 있지 않고 차갑지도 않지요. 바다 눈의 정체는 무엇일까요?

바다 눈은 생물의 시체랍니다! 나무나 짐승이 죽어서 흙으로 돌아가듯이 바다 생물은 죽어서 바다 밑바닥으로 돌아갑니다. 물고기가 죽으면 수많은 바다 생물이 먹고, 먹고 남은 조각과 뼈 부스러기는 바다 눈이 되어 깊은 곳으로 떨어져 내려요. 조개껍데기도 잘게 바스라져 바다 눈이 되지요. 바다 깊은 곳에 사는 물고기와 해삼과 말미잘은 바다 눈을 받아먹고 살아요.
이따금 커다란 우박도 떨어져 내립니다. 바로 고래의 뼈나 상어의 이빨이지요. 다른 뼈는 녹아도 고래의 뼈나 상어의 이빨은 몹시 단단해서 바닷물에 녹지 않고 우박처럼 떨어져 내립니다. 깊은 바다 밑바닥에는 고래의 뼈나 상어의 이빨이 드문드문 떨어져 있어요.

물고기 뼈나 조개 껍데기 말고도 육지에서 날아온 흙과 먼지도
바다 밑으로 가라앉지요. 홍수가 나면 진흙이 강물에 실려
바다로 들어와 바다 밑바닥으로 가라앉아요. 폭풍이 불면 사막의
모래도 바람에 실려 바다로 떨어집니다. 화산이 폭발하면
화산재도 바람에 떠다니다가 바다에 떨어지고, 우주에서 날아온
조그만 운석도 바다로 떨어져 바다 밑으로 가라앉지요.
바닷속에도 눈이 내려요. 일 년 365일, 하루도 빠짐없이 바다
눈이 내리고 있지요.

파도는 어디서 올까?

바다는 파도의 놀이터예요. 바다에는 언제나 파도가 오르락내리락 하고 있어요. 바람이 잔잔할 때는 작은 파도가 치고 폭풍이 칠 때는 무시무시한 파도가 치지요. 바닷가 모래밭에는 쉬지 않고 파도가 밀려옵니다. 파도 한 줄이 밀려와 부서지면 어느 새 또 한 줄이 밀려와 부서지고…. 백 년 전에도, 백만 년 전에도, 억만 년 전에도 늘 그랬어요. 파도는 어디서 올까요? 바다에는 왜 쉬지 않고 파도가 치고 또 치는 걸까요?

여러분은 파도가 태어난다는 걸 알고 있나요? **파도도 사람처럼 태어나고 자라고 여행하고 언젠가 죽는답니다!** 세찬 바람이 바닷물을 흔들고 지나가면 파도가 태어나지요. 갓 태어난 어린 파도들은 신나게 바다를 굴러가요. 다른 파도를 덮치고, 뒤섞이고, 스쳐 지나가고, 따라잡고, 삼키기도 하면서. 때때로 폭풍과 비, 암초와 소용돌이를 만나기도 하지요.

어떤 파도는 바닷가까지 이르지 못하고 바다 한가운데서 사라집니다. 하지만 어떤 파도는 살아남아서 넓은 바다를 가로질러 아주 멀리 떨어진 바닷가에 다다르기도 하지요. 바닷가는 바닷물과 땅이 서로 닿는 곳이에요. 바닷가에 거의 이르면 파도가 변하기 시작해요. 파도와 파도가 서로 가까워지고 겹쳐져서 점점 높아지지요. 파도 꼭대기의 물은 빠르게 움직이고, 파도 아래쪽의 물은 바닷가 가까이에 있는 얕은 바다 밑바닥에 부딪혀 느려지지요. 파도 꼭대기는 앞으로 가려 하고 아래쪽은 느려터지니 이렇게 박자가 맞지 않아서야… '에라, 될 대로 되라!' 하고 마침내 파도 꼭대기가 자기 혼자 앞으로 나가다가 폭! 고꾸라지고 맙니다. 그러고는 흰 거품을 부글부글거리며 바닷가 모래밭으로 밀려와 부서지지요. 파도는 이렇게 영영 모래 속으로 사라집니다. 이것이 바다 한가운데서 태어나 자라고 여행하다 죽는 파도의 일생이랍니다.

파도가 칠 때 멀리 있는 물이 실제로 바닷가로 밀려오는 것은 아니다. 도미노 블록이 제자리에서 쓰러지면서 다음 도미노 블록을 쓰러뜨리듯이 바람 때문에 맨 처음 일렁거린 물이 그 옆에 있는 물을 계속계속 일렁이게 해서 파도를 일으킨다.

무시무시한 지진 해일

2004년 12월에 인도네시아 수마트라 섬 서쪽 바다 밑에서 지진이 일어났어요. 지진 때문에 바닷물이 60센티미터 정도 들썩였어요. 하지만 그 정도 파도는 바다에서 늘 있는 일이라 그곳을 항해하는 배에서도 아무런 눈치를 채지 못했어요. 그 파도 속에 엄청난 재앙을 가져올 에너지가 숨어 있었지만 겉으로는

그저 그렇게 시시하게 보였지요.

하지만 곧 파도가 비행기만큼 빠르게 퍼져가기 시작했어요. 수천 킬로미터를 가는 동안에도 파도는 조금도 사그라지지 않았어요. 이 때, 바닷가에서는 사람들이 즐겁게 파도를 타며 놀고 있었습니다. 파도가 가까이 닥쳐왔을 때에도 사람들은 무슨 일이 일어날지 아무도 몰랐지요. 잠시, 파도 소리가 멈추었고 바닷물이 스르르 빠져 나갔습니다.

그리고 눈 깜짝할 사이에 한 번도 본 적 없는 무시무시한 파도가 덮쳐 왔습니다. 이 파도는 육지에 가까워졌을 때 15미터 높이로 치솟았지요. 바닷가는 순식간에 지옥이 되고 말았습니다. 20여만 명의 사람이 죽었고 호텔과 집이 부서지고 도로가 망가졌지요.

지진 해일은 세상에서 가장 무서운 파도입니다. 바다 밑에서 땅이 갈라지거나 화산이 폭발하면 그 충격으로 무시무시한 해일이 일어나지요. 지구 반대편에서 일어났다고 해도 결코 남의 나라 일이 아니에요. 지진 해일은 가로막는 것이 없다면 비행기만큼 빨리 바다를 가로질러 지구 반대편까지도 뻗어갈 수 있어요. 육지에서 지진이 일어나면 지진이 일어난 곳만 파괴되지만, 바닷속에서 지진이 일어나면 해일이 사방으로 퍼지고 단 몇 시간 만에 바다를 수천 킬로미터 가로질러 지진과 아무 상관 없는 곳까지 쑥대밭으로 만들어 버립니다.

> 파도는 여러 가지 종류가 있다. 바람이 파도를 일으키면 풍파라고 하고 바닷속 지진이 파도를 일으키면 지진 해일이라고 한다. 바람이 파도를 일으킬 때는 바다 깊은 곳까지 파도가 일지 않는다. 그래서 바다 위쪽에 거센 파도가 일더라도 잠수함은 바닷속을 조용히 항해할 수 있다.

달이 바다를 끌어당겨요

바람은 바닷물을 출렁이게 해서 파도를 만듭니다. 하지만 아무리 센 바람도 바다에 있는 물을 한꺼번에 모두 움직일 수는 없어요. 그런데 까마득히 멀리 있으면서 바다에 있는 모든 물방울을 한꺼번에 들었다 놓았다 하는 것이 있지요.
바로 달이에요! 지구 밖에 있는 달이 지구에 있는 바닷물을 끌어당기고 있습니다. 바닷물 가운데 달의 힘을 받지 않는 물은 한 방울도 없답니다. 만약 바다에 있는 물방울이 모두 1000000000000000개 곱하기 100000000000라고 해도 달은 그 물방울 하나하나를 모두 끌어당기고 있지요.
달이 지구를 끌어당기면 끌어당기는 쪽으로 바닷물이 부풀어 올라요. 바닷물은 전체 양이 늘어나거나 줄어들지 않기 때문에 어느 한쪽에서 바다가 높아지면 다른 쪽에서는 바닷물이 쑥

내려가야 하지요. 그래서 바다는 늘 평평하게 있지 않고, 높아지는 곳과 낮아지는 곳이 생겨요. **바다가 높아진 곳은 밀물이 되고, 바다가 낮아진 곳은 썰물이 되지요.** 그런데 달만 지구를 끌어당기는 것이 아니라 태양도 지구를 끌어당기고 있답니다. 그믐날에는 태양과 달이 같은 쪽에서 지구를 잡아 당기고 보름날에는 태양과 달이 지구를 양쪽에서 잡아당겨요. 이 때는 바닷물이 훨씬 높게 부풀어올라서 밀물은 다른 날보다 더 높고 썰물은 더 낮아지지요.

반달이 뜨는 날은 지구를 중심으로 태양과 달이 직각을 이루는 때예요. 이때는 바닷물이 조금 부풀어오르고 밀물과 썰물의 높이 차이도 많이 줄어듭니다.

달은 태양보다 훨씬 작고 힘도 약하지만 태양보다 지구에 400배나 더 가까이 있어서 지구를 끌어당기는 힘이 훨씬 더 세답니다. 지구의 바다는 달과 태양 덕분에 날마다 오르락내리락 하고 있지요.

바닷속에
생태계가

있어요

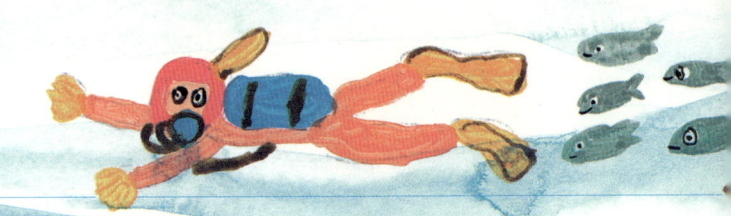

바다에 무엇이 살까요?

바다에는 물고기와 조개, 오징어, 해삼, 해파리가 살아요. 고래와 물개, 바다코끼리, 바다사자, 바다소, 바다거북과 바다뱀도 살지요. 바다에는 새도 살아요. 펭귄은 날지 못하지만 바닷속에 잠수해서 먹이를 잡지요. 바다에는 또 지구에서 가장 작은 박테리아와 지구에서 가장 큰 흰긴수염고래가 살고 있어요.

지구에는 포유류, 새, 파충류, 물고기, 양서류, 곤충, 오징어, 조개, 불가사리, 해파리, 지렁이, 해삼 등이 살고 있어요. 과학자들은 지구에 살고 있는 동물을 비슷한 것끼리 '문'이라고 묶었어요. 그렇게 하고 보니 37개의 '문'이 되었어요. 척색동물문, 절지동물문, 연체동물문, 극피동물문, 강장동물문, 모악동물문, 해면동물문, 편형동물문, 선형동물문,

환형동물문…(나머지 22개 문을 다 쓸려니 종이가 모자라는군요). 37개 문은 모두 바다에 살고, 그 가운데 겨우 4~5가지 문만 육지에서 살고 있지요.

하지만 우리는 바다 동물에 대해서 아는 게 조금밖에 없어요. 사자나 코끼리는 초원에서 몇날 며칠을 지새우며 관찰하기도 합니다. 하지만 광대한 바다에서 고래나 상어가 사는 모습을 관찰하기란 여간 어려운 일이 아닙니다. 배 위에서 잠깐 볼 수 있을 뿐이고, 물 속에 잠수복을 입고 들어가서 아주 잠깐 가까이서 볼 수 있을 뿐이지요. 우리가 잘 아는 고등어조차도 고등어가 일생 동안 어떻게 살아가는지, 알이 태어나 언제 어른 물고기가 되는지, 언제 어떻게 죽는지, 어떻게 먼 길을 여행하는지, 먹이를 얼마만큼 먹는지 잘 알지 못한답니다.

고향으로 돌아간 고래와 비밀투성이 상어

공룡과 고래 중에서 누가 우리와 더 가까운 친척 동물일까요? 공룡은 땅에 살았고 고래는 바다에 살고 있어요. 그러니 어쩌면 여러분은 공룡이 우리와 더 가까운 친척 동물이라고 생각할지 모릅니다. 하지만 사실은 육지의 공룡보다 바다의 고래가 우리 인간과 더 가까운 친척 동물이에요.

고래도 먼 옛날에는 우리처럼 땅 위에서 살았어요. 네 발로 기어다니고, 땅 위에서 새끼를 낳아 젖을 먹여 길렀답니다. 이런 동물을 포유동물이라 부르는데 우리 인간도 포유동물이지요. 그런데 6,500만 년 전쯤 고래는 바다로 가 버렸어요. 고래의 다리는 차츰차츰 지느러미로 변했고 헤엄을 잘 치게 몸통도 길어졌어요. 그 뒤부터 고래는 영영 물 속에서 살게 되었어요. 고래는 지구 생물의 맨 처음 고향인 바다로 되돌아갔답니다.

바다에서 사는 게 기쁘다는 듯이 고래는 지금도 바다에서 펄쩍펄쩍 뛰어오르며 즐겁게 노래를 부르곤 하지요. 고래는 물 속에 살고 있지만 물고기처럼 알을 낳지 않고 오래 전 육지에 살던 버릇 그대로 새끼를 낳아 젖을 먹여 기릅니다. 포유동물인 고래가 일생 동안 물 속에서 어떻게 살아가는지 과학자들은 아직 그 신비를 다 알지 못한답니다. 고래가 얼마나 먼 바다를 여행하는지, 고래가 몇 살까지 사는지, 고래가 지구 반 바퀴나 떨어져 있는 친구와 어떻게 이야기를 나누는지….

과학자들은 상어에 대해서도 고래만큼이나 잘 모릅니다. 상어는 바다 물고기 중에서 아주아주 오래된 옛날 물고기예요. 상어를 생각하면 두렵기도 하고 왠지 존경스러운 마음도 들지요. 상어의 조상은 3억 년 전에 바다에 나타났어요. 고래의 조상이 지구에 나타나지 않았고 공룡들도 없었을 때 바닷속에 벌써 상어가 살고 있었어요. 상어가 나타난 다음에도 수많은 물고기가 새로 생겨나고 모습이 변하고 다른 종으로 진화하고 어떤 것은 멸종하기도 했어요. 하지만 상어는 다른 물고기로 진화하지도 않았고 대멸종 때에도 지구에서 사라지지 않았지요. 상어는 바닷속 물고기와 많이 다르답니다. 다른 물고기는 공기 주머니인 부레가 있어서 가라앉지 않고 물 속에서 헤엄을 치지요. **하지만 상어는 부레가 없어요. 대신 뼈가 물렁물렁하고 가벼워요.** 아무리 거대한 상어라도 뼈는 모두 물렁뼈로 되어

있지요. 상어는 부레가 없어서 쉬지 않고 꼬리 지느러미를 흔들지 않으면 바다 밑으로 가라앉고 만답니다. 밤이 되면 상어는 할 수 없이 바다 밑에 가라앉아서 잠을 자지요.

상어 중에 가장 무서운 상어는 백상아리예요. 백상아리는 바다거북, 돌고래, 바다표범, 바다사자를 잡아먹고 다른 상어와 사람까지 먹어치웁니다(사람을 바다표범으로 착각해서 잡아먹기도 하지만 사실 상어는 사람 고기를 좋아하지 않습니다). 과학자들은 백상아리의 비밀을 찾아서 바다를 헤매고 있어요. 하지만 아직도 수많은 상어와 백상아리에 대해서 아는 것이 별로 없어요. 상어가 새끼를 낳아 어떻게 키우는지, 상어는 어디서 와서 어디로 가는지, 어떻게 살고 있는지, 바다에 상어의 종류가 얼마나 많은지, 250종인지 350종인지 아니면 그보다 더 많은지…. 바다 깊은 곳에는 우리가 한 번도 본 적 없고 들은 적도 없는 상어들이 고독하게 헤엄치고 있을지도 모릅니다.

서로 다른 바닷속 왕국

우리는 바다가 다 비슷하다고 생각하지요. 하지만 가만히 생각해 보면 바다는 똑같지 않아요. 깊이도 다르고 밝기도 다르고 온도도 다르고 바닷물의 맛도 다르지요.

열대의 바다는 따뜻해요. 하지만 남극과 북극의 바다는 몹시 춥고 꽁꽁 얼어 있어요. 더 짠 바다도 있고 더 싱거운 바다도 있어요. 지중해는 바닷물이 짜지만 대서양은 바닷물이 훨씬 싱거워요.

바다에도 '사막'이 있어요. 숨을 곳이 없고 광활하고 먹이도 별로 없는 난바다를 바다의 사막이라고 부르지요. 난바다는 대륙붕에서 멀리멀리 떨어진 곳이에요. 바다 곳곳에는 바다의 '정글'도 있어요. 깊지 않고 파도가 세지 않고 바위투성이인 온대 바다 곳곳에는 다시마와 온갖 해초가 정글 숲을 이루고

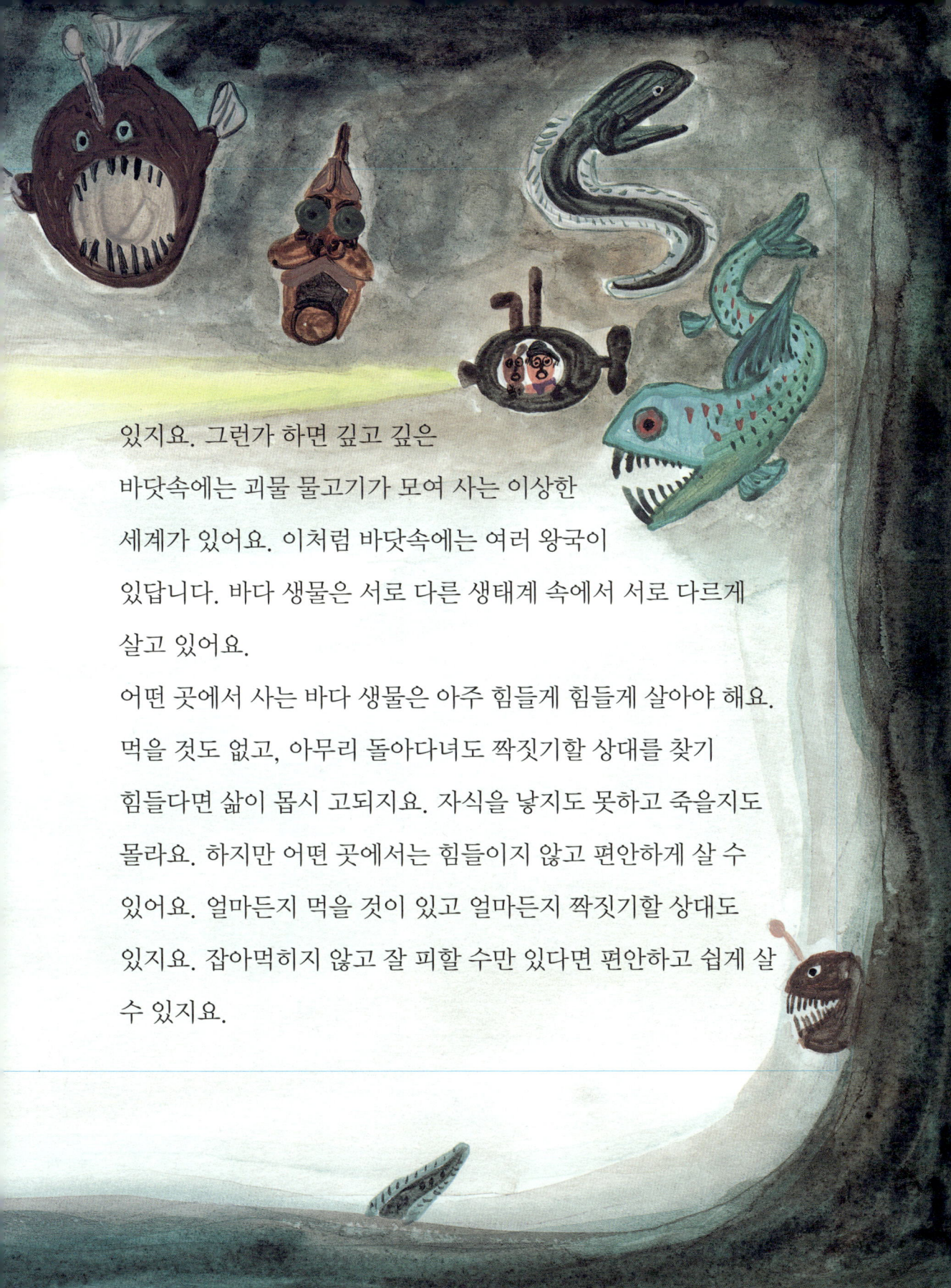

있지요. 그런가 하면 깊고 깊은 바닷속에는 괴물 물고기가 모여 사는 이상한 세계가 있어요. 이처럼 바닷속에는 여러 왕국이 있답니다. 바다 생물은 서로 다른 생태계 속에서 서로 다르게 살고 있어요.

어떤 곳에서 사는 바다 생물은 아주 힘들게 힘들게 살아야 해요. 먹을 것도 없고, 아무리 돌아다녀도 짝짓기할 상대를 찾기 힘들다면 삶이 몹시 고되지요. 자식을 낳지도 못하고 죽을지도 몰라요. 하지만 어떤 곳에서는 힘들이지 않고 편안하게 살 수 있어요. 얼마든지 먹을 것이 있고 얼마든지 짝짓기할 상대도 있지요. 잡아먹히지 않고 잘 피할 수만 있다면 편안하고 쉽게 살 수 있지요.

바다는 다 달라요

바닷가
바닷가 생물은 몹시 고달프다. 밀물과 썰물이 번갈아 일어나고, 파도에 부딪히고, 햇볕과 바람을 견뎌야 한다.
썰물 때는 몸이 말라도 이겨내야 하고, 먹이가 별로 없어서 배가 고파도 참아야 한다.
물 속은 온도가 거의 변하지 않지만 바깥 세상은 하루에도 온도가 크게 변해서 위험하다.
게와 고둥은 웅덩이나 축축한 바위 틈에서 살고,
삿갓조개와 따개비는 껍데기 속에 몸을 숨겨서 몸이 마르지 않도록 한다.

난바다
대륙붕을 지나 멀리 바다 한가운데 있는 바다를 난바다라고 한다.
열대의 따뜻한 난바다는 바다의 사막과 같다.
영양분이 많지 않아서 플랑크톤도 물고기도 별로 없다.
다랑어와 날치, 멸치고래와 상어는 먹이를 찾아 수백 킬로미터를 헤엄친다.

남극의 바다
남극 바다는 지구에서 제일 춥다. 2만 종의 물고기 가운데 120종이 남극 바다에 살고 있다.
남극에 사는 물고기의 체온은 얼음이 어는 0도보다 낮고,
몸 속에는 피가 얼지 않도록 부동액이 들어 있다.
그렇지 않다면 얼음이 온몸으로 퍼져서 죽을 것이다.

바다의 정글
대서양 한가운데 사르가소 해에는 수백만 톤의 모자반이 모여 정글을 이루고 있다.
모자반은 바다 한가운데 거대한 뗏목처럼 떠서 수십 년 수백 년을 살아간다.
모자반 뗏목에 의지하여 달팽이와 작은 물고기, 게와 새우가 살고 있다.

산호야, 고마워!

이 곳은 산호초 왕국이에요. 산호초 왕국은 물고기가 살기 좋은 곳이에요. 먹을 것도 많고 햇빛도 잘 비치고 숨을 곳도 많지요. 짝짓기를 못해 걱정할 일도 없어요. 멀리서 보면 산호초 왕국은 바닷속 숲처럼 보여요. 가까이 가서 보면 조그만 나무 같은 것이 있는데 이게 바로 산호예요. 산호가 모여 산호초 숲이 되었지요.

산호에는 조그만 구멍이 셀 수 없이 많이 뚫려 있어요. 이 구멍 속에 산호 폴립이라는 조그만 동물이 살고 있지요. 구멍 하나에 산호 폴립 하나, 또 구멍 하나에 산호 폴립 하나, 이렇게 살고 있어요.

산호 폴립은 거미가 자기 몸에서 실을 뽑아내 집을 짓듯이, 하얀 '똥'을 누어서 집을 만들어요(우리들의 똥과는 다릅니다. 산호 폴립은 몸에서 석회질 분비물을 내보냅니다). 하얀 똥이 딱딱하게 굳으면 산호 폴립이 사는 집이 되지요. 이 집이 바로 산호이고, 산호 폴립이 똥을 많이 싸면 쌀수록 산호는 커집니다. 산호초 왕국에는 약하고 조그만 물고기가 대대로 살고 있어요.

산호 폴립 몸 안에는 조류가 살고 있다. 조류는 너무 작아서 뿌리도 잎도 없지만 광합성을 해서 양분을 만든다. 조류가 살아가려면 비료(질산염, 인산염)가 필요한데, 열대의 바닷물 속에는 비료가 늘 모자란다. 조류는 산호 폴립의 몸 속에 살면서 비료를 얻고, 영양분을 만들어 산호 폴립에게 제일 먼저 나눠 준다.

산호초 왕국은 어느 곳보다 먹이가 많고 숨을 곳도 많습니다. 힘센 물고기가 나타나면 약하고 조그만 물고기는 산호초 틈새로 쏙 숨어 버려요. 조그만 물고기에게는 숨는 것이 목숨을 걸고 도망치는 것보다 훨씬 쉽지요. 약하고 조그만 물고기가 많이 살고 있으니 힘센 물고기도 이 곳을 좀처럼 떠나려고 하지 않아요. **그래서 산호초 왕국에는 수천 종의 바다 생물이 북적북적 살아갑니다.** 꼬치고기와 나비고기, 자리돔, 망둑어, 색줄멸, 뿔복, 복어, 매퉁이, 능성어, 가오리, 대주둥치, 성게, 게, 말미잘, 불가사리, 고둥, 새우, 조개가 살고, 고래와 상어가 찾아옵니다. 고래와 상어는 산호초 왕국에서 사냥도 하고 깨끗이 목욕도 해요.

산호초 왕국에는 큰 물고기를 청소해 주는 청소 물고기가 살고 있어요. 매일 물고기 수백 마리가 청소 놀래기의 청소 공장에 옵니다. 청소 놀래기는 손님이 오면 피부에 붙어 있는 기생충과 때와 곰팡이를 뜯어 먹지요. 가끔 고래나 상어가 깜빡 잊고 청소 놀래기를 꿀꺽 삼킬 때도 있어요. 친구가 사라져도 청소 놀래기들은 부지런히 때를 뜯어 먹습니다. 청소 놀래기들은 먹이를 먹을 수 있어서 좋고, 손님들은 깨끗하게 되니까 좋고. 청소 공장은 오늘도 신나게 돌아갑니다.

건강한 산호는 색깔이 울긋불긋하다. 산호는 원래 흰색이지만, 빨간색 조류가 들어와 살면 빨간 산호가 되고 초록색 조류가 들어와 살면 초록 산호가 된다. 바닷물이 오염되어서 조류가 죽으면 산호는 하얗게 되고, 산호도 시들시들 약해지고, 결국 산호초 왕국도 멸망하고 만다.

지옥의 문을 지키는 관벌레

깊고 깊은 바닷속에 과학자들이 '지옥의 문'이라고 부르는 곳이 있어요. 그 곳에는 괴물이 살고 있답니다!

1977년에 과학자들은 해저산맥을 조사하다가 괴상하게 솟아오른 검은 굴뚝을 발견했어요. 어떤 굴뚝은 높이가 45미터, 지름이 12미터나 되었어요. 검은 굴뚝에서 쉴 새 없이 검고 독하고 몹시 뜨거운 물이 뿜어져 나오고 있었지요. 검고 독하기로는 공장 굴뚝에서 뿜어져 나오는 검은 매연보다 더 지독하고, 뜨겁기로는 끓는 물보다 더 뜨거워서 온도가 자그마치 350도나 되었답니다. 과학자들은 '지옥이 있다면 바로 이런 곳일 거야' 하고 생각했지요.

그런데 더 놀랄 일은 '지옥의 문' 가까이 괴상한 생물이 우글우글 살고 있었다는 거예요. 한번도 본 적 없고 전설 속에도 나오지 않고 지구에 있는 어떤 생물과도 닮지 않은 괴상하고 기이한 생물이 살고 있었지요. 바로 관벌레였어요. 하얀 관처럼 생긴 것이 물 속에서 흔들흔들 나부끼고 있었지요. 관 꼭대기에는 빨간 아가미가 달려 있었는데 마치 거대한 오뎅 위에 큼직한 입술이 달려 있는 것처럼 보였어요. 몸집은 커다란 구렁이만 했고요. 관벌레는 입도 없고 창자도 없고 똥구멍도 없었어요.
'이렇게 끔찍한 곳에서 어떻게 생물이 살 수 있을까? 또 무얼 먹고 살지?'

먹을 것도 없고 햇빛도 들어오지 않는데 깊은 바닷속에서 관벌레가 어떻게 살고 있었을까요? 과학자들은 관벌레를 가지고 올라와 해부해 보았답니다. 뭐가 나왔을까요?

관벌레 몸 속에 박테리아가 우글거리고 있었어요! 관벌레는 다른 생물을 잡아먹지 않고 몸 속에 있는 박테리아가 주는 영양분으로 살고 있었어요. 박테리아는 지옥의 문에서 올라오는 독가스를 먹고 살았고요. 지옥의 연기가 관벌레 마을을 먹여 살리고 있었던 거예요.

6년 뒤 과학자들은 관벌레 마을을 또 발견했어요. 이 곳에서는 차갑고 지독한 메탄가스가 바위 속에서 새어 나오고 있었지요. 과학자들은 이 곳의 관벌레가 아주 오래 살고 느릿느릿 자란다는 것을 알게 되었습니다. 이 곳의 관벌레들은 태어난 지 200년이 지나야 어른 관벌레가 된답니다 .

식물 플랑크톤이 우리 모두를 살려요

고래상어는 세상에서 가장 큰 물고기예요. 그리고 세상에서 가장 입 큰 물고기지요. 고래상어가 입을 벌리면 입이 마치 커다란 동굴처럼 보인답니다. 그런데 이렇게 커다란 입으로 도대체 무엇을 잡아먹을까요?

고래상어는 물고기를 잡아먹지 않고 아주 작은 플랑크톤을 먹습니다. 플랑크톤은 몹시 작고 고래상어는 몹시 크기 때문에 고래상어는 플랑크톤을 하루에 수천 억 곱하기 수천 억 개쯤 먹어야 하지요.

플랑크톤은 바다에 흘러 다니는 조그만 생물이에요. 어느 한 가지 생물의 이름이 아니라 바다에 흘러 다니는 조그만 생물을 모두 플랑크톤이라고 부르지요. 너무 작아서 헤엄도 치지 못하고 바닷속을 끝없이 흘러만 다닌다고 플랑크톤이라고 부른답니다. 플랑크톤은 원래 방랑자라는 뜻이거든요.

바다에는 식물 플랑크톤과 동물 플랑크톤이 아주 많이 살고 있어요. 바닷물 한 컵 속에 식물 플랑크톤과 동물 플랑크톤이 수

규조는 바다에 가장 많은 식물 플랑크톤이에요.

요각류는 길다란 더듬이가 있어요.

억 개나 들어 있지요.

식물 플랑크톤은 바다에서 제일 중요한 생물이에요. 식물 플랑크톤은 다른 생물을 먹지 않고 햇빛을 이용해 스스로 영양분을 만들어 살아요. 식물 플랑크톤이 자라면 동물 플랑크톤이 그것을 먹고 자라서 큰 물고기의 밥이 되지요. 식물 플랑크톤이 없으면 동물 플랑크톤이 사라지고 물고기도 살 수 없어요.

땅에 있는 식물이 산소를 만드는 것처럼 식물 플랑크톤도 산소를 만들어요. 식물 플랑크톤이 스스로 영양분을 만들 때 저절로

방산충은 가시가 많고, 유공충은 물고기 알을 닮았어요.

물고기, 산호, 게, 가재, 따개비의 알도 플랑크톤이에요.

산소가 나오지요. 식물 플랑크톤은 산소가 필요 없어서 얼른얼른 밖으로 내보냅니다. 사람들은 땅에 있는 풀과 나무가 산소를 만든다고 소중하게 여기지요. 하지만 풀과 나무가 아무리 열심히 산소를 내뿜어도 그 것만으로는 부족해요. 바닷속 플랑크톤이 없다면 우리는 산소가 모자라서 죽을지도 몰라요. **우리가 숨쉬는 산소 가운데 80퍼센트는 플랑크톤이 만든답니다.** 식물 플랑크톤은 아주 작지만 대신에 엄청나게 많아서 산소를 엄청나게 많이 만들어 냅니다. 그래서 지구에는 산소가 모자라지 않아요.

플랑크톤을 먹는 고래와 상어
수염고래와 고래상어, 돌묵상어는 물고기를 잡아먹지 않고 플랑크톤을 먹는다. 고래상어와 돌묵상어는 커다란 입을 벌려서 바닷물을 마신다. 바닷물 속에 들어 있는 플랑크톤은 삼키고 물은 아가미로 토해 낸다. 수염고래는 아가미 대신 고래수염이 턱에 달려 있다. 수염고래는 바닷물을 들이켜서 플랑크톤을 먹고 수염 밖으로 물을 내보낸다.

눈에 보이지 않는 바닷속 장벽

바다에는 그물도 없고 창살도 없어요. 물고기들은 지느러미가 있고 헤엄도 잘 치니, 어디든 가고 싶은 대로 갈 수 있을 것 같지요? 하지만 그렇지 않아요. 바다 밑 세계도 눈에 보이지 않는 장벽으로 나뉘어 있습니다.

깊고 깊은 바다 밑 왕국은 춥고 캄캄하고 먹이도 별로 없어요. 그래도 이 곳에 사는 물고기들은 살기 좋은 위쪽으로 이사가지 않습니다. 멋모르고 위로 올라가는 날에는 몸이 부풀어오르고 핏줄이 터져서 죽고 만답니다.

깊은 바닷속에는 물의 압력이 아주 큽니다. 압력이 크다는 말은 물이 아주 세게 누르고 있다는 뜻이에요. 바다 1,000미터 아래에서는 물의 힘이 위쪽(수면)보다 100배 더 강하지요. 여러분이 그 곳에 맨몸으로 내려간다면 순식간에 발로 밟은

깡통처럼 찌그러져 버릴 거예요.
그렇지만 원래부터 깊은 바다에 사는
물고기들은 오랜 세월이 흐르는 동안 자기가
사는 곳에 딱 맞게 진화해 왔어요. 몸 바깥에서 누르는 물의
압력만큼 몸 안에서도 똑같은 압력으로 바깥의 압력에 맞설 수
있게 되었지요. 그래서 압력이 높은 곳에서 사는 게 조금도
불편하지 않고 몸이 찌그러지지도 않지요.
그런데 이따금 멍청한 물고기가 있는 게 문제예요. 먹이를
쫓다가 자기도 모르게 바다 밑 왕국을 벗어나 버리니까요.
위쪽으로 올라갈수록 압력이 낮아져서 부레가 점점 부풀어
올라요. 부레는 공기가 들어 있는 주머니예요. 부레가 커지면
물고기가 가벼워져서 더 잘 떠오르게 되지요. 풍선이 커지면

위로 더 잘 떠오르는 것처럼 말이에요. 물고기는 자기가 살던 아래쪽으로 돌아가려고 안간힘을 씁니다. 그러다 실패하는 날에는 점점 위로 떠밀려 올라가게 되지요.

위, 아래로 자유롭게 이동할 수 있는 물고기들도 있어요. 샛비늘치와 앨퉁이는 먹이를 찾아서 깊은 바다에서 더 위쪽으로, 위쪽에서 아래로 움직일 수 있답니다. 샛비늘치는 바닷속 1,700미터에서 바닷속 몇백 미터까지 거의 1,000미터를 위, 아래로 이동하지요. 하지만 그보다 더 깊은 바다에 사는 물고기는 위쪽 바다에 아무리 먹이가 많아도 그 곳으로 올라가는 일은 없습니다. 대신 먹이가 가까이 오기를 기다리지요.

잠수대왕 향유고래

향유고래는 바다 밑 3,000미터까지 잠수한다. 향유고래는 바다 깊이 내려가도 짜부라지지 않고 수면 위로 올라와도 핏줄이 터지지 않는다. 향유고래는 머리 속에 있는 기름주머니를 식혔다 데웠다 하면서 잠수하고 떠오른다. 콧구멍으로 찬 바닷물을 들이키면 기름주머니가 차가워져서 부피가 줄어들고(물보다 밀도가 커진다) 바다 아래로 가라앉는다. 떠오르고 싶으면 따뜻한 피를 기름주머니에 보내 기름을 데운다. 향유고래는 이렇게 해서 마음대로 잠수하고 떠오른다. 하지만 향유고래가 어떻게 수압의 변화를 견딜까? 그것은 아직 밝혀지지 않았다.

바닷속 사계절

봄이 왔어요.

개구리가 개굴 하고 깨어났어요. 뱀과 곰도 깨어났어요. 꽃씨도 깨어났어요. 바다에서는 조그만 '포자' 들이 잠에서 깨어난답니다.

이 포자는 식물 플랑크톤의 '아기 씨' 예요. 꽃씨가 먹지 않고 햇빛도 받지 않고 땅 속에서 겨울을 나는 것처럼 포자도 바다에 잠겨 겨울을 납니다. **봄볕이 따뜻하게 내리쬐고 바닷물이 점점 따뜻해지면 포자가 겨울잠에서 깰 때예요.**

포자가 깨어 금세 식물 플랑크톤이 되었어요. 바다에는 식물 플랑크톤이 셀 수도 없이 불어나고 동물 플랑크톤도 덩달아 불어납니다. 배고픈 동물 플랑크톤이 식물 플랑크톤을 먹어치우느라 바쁩니다. 물고기가 플랑크톤을 먹으러

몰려왔어요. 고래도 왔어요. 바닷새들도 몰려듭니다. 물고기와 바닷새는 이렇게 먹을 게 많은 때에 맞추어 알을 낳지요.

여름이 왔어요.
물고기들이 잘 먹고 통통해졌어요. 해파리는 엄지손가락만 한 크기에서 우산만 한 크기로 자라났어요.
햇빛이 점점 뜨거워지고 바다는 점점 따뜻해집니다. 하지만 바닷물 아래쪽은 얼음장같이 차갑답니다. 아무리 강한 햇살도 물

속 깊이 들어가기는 어렵기 때문이지요. **위쪽 바닷물은 점점 따뜻해지고 아래쪽은 차가워서 여름 바다는 위쪽과 아래쪽의 온도 차이가 많이 나지요.** 온도가 많이 차이나면 플랑크톤은 아래쪽으로 퍼지지 못하고 위쪽에서만 떠돈답니다. 플랑크톤이 위에만 있으니까 물고기도 아래쪽으로 내려가지 않지요. 물고기가 플랑크톤을 먹어치워 플랑크톤이 점점 줄어들어요.

가을이 왔어요.

고등어와 대구와 고래는 더 따뜻한 곳으로 이사갑니다. 따뜻한 바다에서 짝짓고 알도 낳으려고요. 혹등고래는 가을이 되면 먹이를 더 이상 먹지 않아요. 안 먹어도 될 만큼 뚱뚱해졌거든요. **혹등고래는 뚱뚱해진 몸으로 새끼를 낳으러 수천 킬로미터를 헤엄쳐 따뜻한 바다로 갑니다.** 그러고는 다음 해 봄에 다시 돌아올 때까지 먹지 않고 견딥니다.

겨울이 되었어요. 긴 겨울 동안 바다는 점점 차가워지지요. 차가워진 물은 밑으로 가라앉아요. 바다 밑바닥에는 여러 가지 물질이 많이 있습니다. 육지의 강에서 실려 내려온 흙이 쌓여 있고, 물고기 시체 부스러기와 규조 껍데기가 쌓여 있어요. 이런 것들이 식물 플랑크톤한테 거름이 되지요. 거름이 있어야 풀과 나무가 잘 자라는 것처럼 식물 플랑크톤도 거름이 있어야 잘 자란답니다.

겨울에는 찬 바닷물이 아래로 가라앉으면서 거름이 많이 들어 있는 아래쪽 물을 위로 밀어 올려요. 겨울 폭풍도 바닷물을 휘저어 거름이 위쪽으로 골고루 흩어지게 하지요. 만약 바다에

겨울이 오지 않는다면 거름은 일 년 내내 바다 밑에만 가라앉아 있을 거예요. 그러면 플랑크톤은 거름이 모자라 자랄 수 없고, 플랑크톤이 없으면 물고기도 살 수 없지요.

다시 봄이 왔어요. 낮이 길어지고, 햇볕은 더 따뜻해졌어요. 겨울 동안 물이 휘저어졌기 때문에 봄 바다에는 거름이 골고루 들어 있어요. 바다에는 또 다시 생명이 피어나지요.

여러분은 오늘 아침에 일어나서 제일 먼저 어푸어푸 세수를 했겠지요. 아니면 오줌을 누고 물을 내렸거나요. 그 다음에는 밥 먹고 이를 닦았을 테고, 그 다음에는 똥을 누고 물을 내렸겠지요. 이런 일을 할 때 여러분은 물을 씁니다. 여러분이 학교에 가고 나면 엄마는 수돗물을 틀어 빨래를 하고 걸레를 빨아 청소를 해요. 물이 왕창 필요할 때도 있어요. 불이 나면 소방수 아저씨들이 호스로 물을 뿌려 대지요. 우리는 날마다 물을 쓰면서 살고 있어요.

그런데 지구에는 우리만 사나요? 나무도 살고 풀도 살고 다른 동물도 살지요. 나무는 흙에서 물을 빨아올리고 동물도 물을 마셔요. 그러니까 생물이 살아가려면 물이 꼭 필요하다는 말이지요.

다행스럽게 우리 주위에는 늘 물이 있어요. 시냇물과 강물, 호수의 물, 빗물이 있고 지하수도 있어요. 하지만 물이 많아도 안심할 수는 없어요. 오랫동안 비가 내리지 않으면 땅 위에 있는 물이 말라 버리니까요. 비가 오지 않으면 우리가 쓸 수 있는 물도 사라져요. 그러니까 우리 주위에 늘 물이 있는 건 비가 오기 때문이지요. 그런데 여러분은 비가 어디서 오는지 생각해 본 적이 있나요?

바닷물이 변해서 비가 되었어요

우리나라에 내리는 비는 거의 모두 태평양 바닷물에서 왔어요. 태평양 바닷물이 변해서 비가 되었거든요. 이 말을 듣고 여러분이 깜짝 놀라서 물었으면 좋겠어요.
"바닷물은 짠데요, 비는 안 짜잖아요?"
정말! 비는 짜지 않아요. 바다는 짠데 말이에요. 왜 그럴까요?
바닷물은 빗물이 되기 전에 먼저 구름으로 변해요. 햇빛이 바다를 따뜻하게 비추면 바닷물이 수증기로 변해서 공중으로 날아가지요. 수증기가 하늘로 올라가서 구름이 되고요. 바닷물은 소금이 들어 있어서 짜지요. 하지만 바닷물이 하늘로 올라가 수증기가 될 때 소금은 따라 올라가지 못해요. 소금은 바다에

남고 물만 공중으로 올라가는 거예요. 그래서 바닷물은 짜지만 수증기와 구름은 싱거워요.

구름 속에는 눈에 보이지 않을 만큼 작은 물방울이 아주아주 많이 들어 있어요. 물방울은 자기들끼리 부딪혀 점점 커지고 점점 무거워져요. 그러다가 하늘에 떠 있을 수 없을 만큼 무거워졌을 때 땅으로 떨어지지요. 후드득후드득! 마침내 비가 내리는 거예요.

땅으로 떨어진 비는 어디로 갈까요?

비는 땅 속에 스며들었다가 모여서 샘물이 되지요. 샘물이 흘러 도랑이 되고, 도랑이 모여서 시냇물이 되고, 시냇물이 모여서 큰

강으로 흘러갑니다. 그러니까 빗방울도 도랑물도 강물도 맨 처음에는 모두 바닷물이었어요. 바닷물이 수증기로 변하고, 수증기가 구름으로 변하고, 구름이 비로 변하고, 빗물이 모여 도랑이 되고 시냇물이 되고 강물이 되지요.

강물은 또다시 흘러 흘러 바다로 가지요. 한강, 낙동강, 금강,

 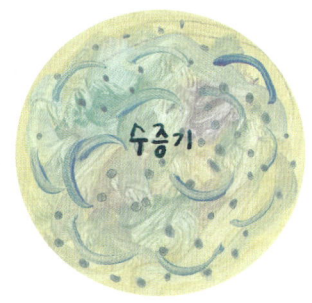 

두만강, 양쯔강, 아마존 강, 미시시피 강, 나일 강…. 모두 바다로 흘러가고 있어요. 큰 강도 작은 강도, 전 세계에 있는 강물이 바다로 들어가고 있지요. 세계의 수많은 강이 모두 모이면 얼마만큼 많을지 상상해 보세요.

그렇게 많은 물이 바다로 끝없이 흘러가지만 바닷물은 조금도

많아지지 않아요! 바닷물이 날마다 수증기가 되어서 하늘로 날아가니까 그렇지요.

강물도 시냇물도 샘물도 모두 바다에서 오고 언젠가는 다시 바다로 돌아가지요. 강, 시내, 샘, 바다의 물은 지구에서 사라지지 않습니다. 모양이 계속 바뀔 뿐이지요.

물방울은 때때로 찌개의 국물이 되기도 하고, 우리의 땀이 되기도 하고, 오줌 방울이 될 때도 있어요. 하지만 그런 물방울도 수증기가 되어 하늘로 날아가고 언젠가는 구름이 되고 언젠가는 빗물이 되지요. 빗물은 다시 바닷물이 되고요. 물방울은 모두 바다에서 와서 언젠가는 바다로 되돌아가지요.

육지는 바다와 떨어져 있지만 바다가 있어서 육지에도 생물이 살 수 있어요. 사람과 나무와 짐승이 쓰는 물이 모두 바다에서 왔으니까요. 바다가 있어서 우리가 살 수 있다고 과학자들은 바다를 '어머니 바다' 라고 부르지요.

바닷물을 훔쳐가는 빙하

옛날 옛날에 우리나라는 바다 밑에 있었어요.
다행히 그때 우리나라에는 아무도 살지 않았어요. 홀라당 벗은 알몸뚱이 원시인도 없었고, 심지어 공룡조차 살지 않았어요. 왜냐하면 공룡도 알몸뚱이 원시인도 아직 지구에 없을 때거든요. 대신 삼엽충과 원시 물고기가 한반도 위를 헤엄쳐 다녔어요.
수십만 년이 지나자 바다는 언제 그랬냐는 듯이 슬금슬금 물러갔어요. 바다 밑에 있던 땅이 햇빛 아래 훤히 드러났지요. 그러자 동물이 옛날에 바다이던 땅을 밟고 돌아다녔어요. 옛날에 바다이던 곳에서 알을 낳고, 새끼를 기르고, 사냥도 했어요. 풀과 나무도 뿌리를 내렸어요. 하지만 그 뒤에도 바다는 우리나라를 삼켰다가 물러가고, 또 삼켰다가 물러가곤 했답니다.
지구 어디서나 이런 일들이 일어났어요. 바다는 몇십만 년에 한

번씩 대륙을 삼켰다가 또 몇십만 년 만에 대륙을 토해 내곤 했지요. 바다가 몇십만 년에 한 번씩 대륙을 삼킬 때는 바닷물이 산꼭대기까지 밀려와 출렁출렁했어요. 거대한 산맥이 마치 바다 위에 뜬 조그만 섬처럼 보였지요. 바다는 지금도 호시탐탐

육지를 넘보고 있답니다.

어떨 때는 바다가 높아져서 대륙을 삼키고, 어떨 때는 낮아져서 대륙을 토하고, 바다는 왜 이렇게 높아졌다 낮아졌다 변덕을 부릴까요? 혹시 바닷속에 거대한 용이 있어서 바닷물을 삼켰다 뱉었다 하는 걸까요?

바다가 높았다 낮았다 하는 건 바닷물이 오랫동안 꽁꽁 얼어 있기도 하고 녹아 있기도 하기 때문이에요. 날씨가 엄청나게 추우면 바닷물이 꽁꽁 얼어요. 그걸 빙하라고 하지요. **바닷물이 빙하로 변해서 바다가 낮아지는 거예요.** 거꾸로 날씨가 너무너무

더우면 빙하가 녹아요. 이 때는 그만큼 바다가 높아지지요. 바다가 산을 덮을 정도로 높아지거나 바다 밑 땅이 환히 드러날 만큼 낮아지려면 몇십만 년 동안 여름이 계속되어 빙하가 녹고, 몇십만 년 동안 겨울이 계속되어 온 세상이 얼어붙어야 해요. 과학자들은 지구의 역사를 연구하다가, 온 세상이 얼어붙었던

시기를 발견했어요. 이 때를 빙하기라고 불러요. 지구에는 빙하기가 여러 번 있었어요. 빙하기와 빙하기 사이에 날씨가 따뜻했던 때는 간빙기라고 부릅니다.

옛날 옛날 12만 년 전에서 1만 년 전 사이에도 빙하기가 닥쳤어요. 얼음과 눈이 지구의 반을 뒤덮었지요. 원시인은 짐승 가죽을 입고 돌도끼와 창을 들고 털이 북실북실 난 커다란 매머드나 순록 떼를 사냥했어요. 밤에는 동굴에 들어가 잠을 잤어요. 원시인은 불을 피울 줄 알았어요. 그래서 얼어 죽지는 않았지요. 어떤 원시인은 따뜻한 곳을 찾아 남쪽으로 떠났어요. 옛날에 바다이던 곳을 걸어서 다른 대륙으로 건너가기도 했지요. 원시인은 옛날에 바다이던 곳을 걸어가면서도 그 곳이 원래부터 땅인 줄만 알았어요. 바닷물이 빙하가 되어서 바다 밑 땅이 드러났다는 건 까맣게 몰랐지요.

그 후로 날씨가 점점 따뜻해졌어요. 빙하가 녹아서 바다가 땅 위로 밀려왔어요. 땅 위에 살던 동물이 바닷물에 빠져 죽고 원시인이 살던 동굴도 바닷물에 잠겨 버렸어요. 상상해 보세요. 바다 밑 어딘가에는 먼 옛날 원시인이 살던 동굴이 숨어 있답니다.

바다가 점점 높아지고 있어요

15,000년 전에는 바다가 지금보다 90미터 낮았어요. 그런데 지난 백 년 동안 바다는 해마다 0.25센티미터씩 높아지고 있습니다. 겨우 0.25센티미터라고요? 그렇게 생각한다면 큰일나요. 만약 이대로 바다가 해마다 0.25센티미터씩 높아진다면 2,000년 후에는 5미터가 높아집니다! 바다가 5미터만 높아지면 어떻게 될까요?

뉴욕이나 홍콩, 베네치아, 코펜하겐, 인천 같이 바닷가에 있는 도시들은 바닷물에 잠겨 버립니다. 네덜란드와 방글라데시처럼 땅이 낮은 나라들은 나라 전체가 물바다가 되지요.
그래도 여러분은 2,000년 뒤의 일이라고 안심할지도 모르겠네요. 하지만 결코 안심할 일이 아니라는 걸 알아야 해요. 바다는 점점 더 빨리 높아지고 있거든요.
지금 지구에는 자동차와 공장과 도시들이 날마다 이산화탄소를 엄청나게 뿜어 대고 있어요. 이산화탄소는 태양열을 계속 흡수하고 지구에서 나오는 열도 우주로 내보내지 않고 붙잡아 둡니다. 그래서 이산화탄소가 많아지면 지구가 더

더워지게 되지요. 지구가 더워지면 빙하가 더 빨리 녹아요.
빙하가 더 빨리 녹으면 바닷물이 더 빨리 높아져요.
지금까지는 식물 플랑크톤과 풀과 나무가 이산화탄소가
불어나지 않도록 지켜 주었어요. 날마다 이산화탄소를 먹어서
없애 주었지요. 하지만 이제는 바닷속 생물과 식물도 어쩔
도리가 없을 만큼 위험해졌어요. 그런데도 사람들은 자꾸 나무를
베어 내고 숲을 없애고 있지요. 그래서 이산화탄소는 없어지지
않고 점점 많아지고 있어요.
훗날 우리의 손자와 그 손자의 까마득한 손자가 살 때쯤에는
어떻게 될까요? 바닷물이 땅 위로 몰려와서 들판과 바닷가
도시들이 바다 아래로 잠겨 버릴지도 모릅니다.

바다 밑 보물 창고

바닷물은 맛이 아주 고약해요. 어떤 맛이냐면, 쓰고 짜고 메스꺼워서 구역질 나는 맛이지요. 바닷물에는 소금이 많이 녹아 있어요. 소금물 한 잔을 벌컥벌컥 마실 수는 없지만 그래도 소금물은 그렇게 고약한 맛은 아니지요. 하지만 바닷물에는 소금 말고도 여러 가지 물질이 녹아 있어서 맛이 아주 고약합니다.

바닷물에는 금속과 다른 여러 가지 물질이 녹아 있어요. 그리고 금도 들어 있지요! 바닷물 속에 있는 금으로 전 세계 사람을 백만장자로 만들 수도 있답니다.

맨 먼저 과학자들이 이 사실을 알았어요. 그 중에 독일 사람 하버 씨가 있었어요. 하버 씨는 바닷물에서 금을 뽑아 내기로 결심했어요. 1924년에 하버 씨는 탐사선을 이끌고 남대서양으로 갔습니다. 그리고는 엄청나게 노력을 한 끝에 정말로 금을 뽑아

냈지요! 하지만 바닷물 속에서 금을 끄집어 내는 데 돈이 더 많이 들어서 울면서 돌아와야 했답니다.

바닷물 속에는 금 말고도 귀한 물질들이 많이 있습니다. 진짜 보물은 바다에 다 있지요. 코발트, 니켈, 은, 요오드, 브롬, 마그네슘… 과학자들은 이런 물질들을 바닷물 속에서 뽑아 낼 수 없을까 연구했어요. 그러다가 놀라운 사실을 알게 되었어요. 과학자들도 못하는 일을 해면과 굴과 산호와 해삼과 우렁쉥이와 조개와 해조 등이 콧방귀를 뀌면서 손쉽게 하고 있었던 거예요. 바다 생물들은 날마다 바닷물을 몸 속에 받아들여 거르고 또 걸러서 바닷물에 숨어 있는 여러 가지 귀한 물질로 자기의 피와 살과 껍데기를 만든답니다.

과학자들은 바닷물에서 금을 캐내지 못했지만(돈이 너무 많이 들어서) 마침내 바닷속에서 또다른 귀한 보물, 석유를 찾아냈어요. 석유는 바다 밑 땅 속에 묻혀 있었어요. 석유는 땅 위의 사막에서도 많이 나지만, 사막 속에 묻혀 있을 뿐 사막이 석유를 만드는 건 아니에요. **우리가 지구 속에서 퍼내 쓰는 석유는 거의 바다가 만들어서 물려준 것이에요.**

까마득히 먼 옛날, 동물과 식물의 시체 무더기가 바다 밑바닥에 층층이 쌓이고 쌓여서 아주 오랫동안 천천히 변하고 변하여 석유가 되었어요. 육지에 시체 무더기가 쌓이면 금세 썩고 말지만, 깊은 바다 밑바닥에 쌓일 때는 금방 썩지 않고 천천히 성질이 변하여 석유 웅덩이가 됩니다. 그 뒤에 바다 밑바닥이 솟아오르거나 바닷물이 빠져 나가 땅이 드러나지요. 이런 곳에 석유가 묻혀 있답니다.

바다는 우리에게 석유를 물려주었어요. 바다가 물려준 석유를 사람이 꺼내 쓰고 있지요.

이처럼 바닷속에는 석유와 천연가스와 여러 가지 광물 덩어리가 얇은 담요처럼 깔려 있기도 하고 굴뚝처럼 솟아 있기도 해요. 과학자와 기술자들은 보물을 꺼내기 위해 노력하고 있어요. 바닷속에 묻혀 있는 무궁무진한 보물을 말이에요. 언젠가는 이 모든 일에 성공할 수 있겠지요. 하지만 그 날을

상상해도 꼭 기분이 좋은 것은 아닙니다. 보물을 바다 밑에서 파내고 끌어올릴 때 엄청난 흙탕물이 일 수 있어요. 수송관이 망가져 기름이나 가스가 무더기로 새어 나와 물고기 떼를 죽일 수도 있고요. 조심조심 또 조심하면 될까요? 아니면 아무리 이익이 많아도 하지 말아야 할 일이 있는 것일까요?

아마도 바다가 우리 곁에서 영영 사라질 일은 없을 거예요.
하지만 바다가 이상하게 변해 버릴 수는 있어요! 사람들이 바다를
오염시키기 때문입니다.

과학자들은 원자의 비밀을 알게 되자 핵폭탄을 만들었고, 원자력
발전소를 세웠어요. 그 때문에 골칫덩어리 핵 쓰레기가 늘어나기
시작했어요. 사람들은 지구 역사를 통틀어 위험한 물질 중에서도
가장 위험한 핵 쓰레기를 어디에 버려야 할까 고심하게
되었지요. 이 때 바다가 핵 쓰레기를 버리기에 딱 좋아 보였어요.
사람들은 핵 쓰레기(방사성 폐기물)를 콘크리트 통에 넣어
바다에 빠뜨렸어요. 원래는 바다 한가운데로 가서 버리기로
했지만 귀찮아서 겨우 바닷가에서 30킬로미터 떨어진 곳에 버릴
때도 많았어요.

과학자들은 핵 쓰레기를 담은 콘크리트 통이 아주 단단하다고 생각했어요. 하지만 바다 깊이 내려갈수록 물의 압력이 엄청나게 세져요. 결국 콘크리트 통은 견디지 못하고 금이 가기 시작했지요. 그리하여 핵 쓰레기가 슬금슬금 새어 나왔고 전 세계 바다로 퍼져 갔어요.

핵 쓰레기뿐만이 아니에요. 핵폭탄 실험을 하면 거대한 버섯 구름이 피어오르는데, 이때 구름이 빗방울이 되어 떨어지는 것처럼 방사성 물질이 바다 위로 우수수 떨어져 내립니다.

그런데도 사람들은 바다가 그렇게나 넓고 깊으니 어떤 짓을 해도 괜찮을 거라고 생각했어요.

하지만 그렇지 않아요. 바다를 조금만 공부하면 바다가 늘 움직이고 있다는 걸 알게 되지요. 바닷속에 거대한 강이 흐르고, 바닷물이 폭포가 되어 가라앉고 또 깊은 곳의 물이 위쪽으로 올라와 전 세계 바닷물이 뒤섞이지요.

바닷물은 한 순간도 가만 있지 않고 움직입니다. 바닷물을 따라 **방사성 오염 물질도 바다 전체에 떠 다녀요.** 물고기가 방사성 오염 물질을 먹으면 오염 물질이 몸 속에 쌓이지요. 큰 물고기가 작은 물고기를 먹고 사람들이 오염된 물고기를 잡아먹습니다. 그런데도 괜찮을까요? 한번 바닷속에 버린 핵쓰레기는 다시 주워 담을 수 없는데 이렇게 분명한 사실을 어른들은 정말 모르는 걸까요?

바다 이야기를 다 읽은 아이들에게

이 세상의 보물인 어린이 여러분!

여러분은 좀 덤벙거리고 말썽도 피우지만 이 세상 어느 어른보다 솔직하지요. 누가 윽박지르지만 않는다면 한 아이도 빠짐없이 그럴 거라고 믿어요. 그러니 여러분은 내게 솔직하게 말해 줄 수 있을 거예요. 이 이야기를 재미있게 읽었는지 억지로 읽었는지. 이 이야기는 흥미진진한 동화도 아니고 솔깃한 옛이야기도 아니어서 여러분이 과연 재미있게 읽었을지 좀 떨린답니다. 부디 재미있게 읽어 주었기를!

혹시 바다 이야기가 재미 없었다면 그것은 분명히 내 능력이 모자라서입니다. 만약 바다 이야기가 재미있었다면, 그것은 내가 재미있게 써서가 아니라 바다가 원래 신비하고 위대하기 때문이에요.

바다는 우리에게 에너지를 주고 필요한 자원을 주고 먹을 것을 줍니다.

바다는 지구를 알맞게 따뜻하게, 알맞게 시원하게 해 주지요.

바다가 있어서 하늘에서 비가 내려요.

바다에 사는 조그만 생물이 귀중한 산소를 만듭니다.

태초에 바다에서 여러분과 나의 먼 조상이 태어났어요.

그리고 사람들은 바다를 보고 상상했지요. 아름다운 인어공주와 사나운 바다의 신과 비밀스러운 요정과 무시무시한 바다 괴물을… 하지만 언제까지 바다를 보고 상상만 하지는 않았답니다. 먼 옛날부터 반은 호기심과 반은 두려움을 안고 상인과 어부와 해적과 군인과 모험가가 바다로 떠났지요. 돌아온 사람보다 바다를 떠돌다가 죽은 사람이 더 많았어요. 하지만 살아 돌아온 사람은 아름답고 신기하고 무서운 이야기를 들려주었어요. 그 이야기를 듣고 자란 어린이가 커서 시인이 되고 과학자가 되고 또 모험가가 되었습니다. 그래서 아름다운 시와 소설을 짓고, 깜짝 놀랄 발견을 하고, 사람들의 가슴을 두근거리게 했지요. 만약 이 세상에 바다가 없었다면 사람들의 상상력은 크게 구멍이 났을 테고, 우리들이 사는 세상이 훨씬 재미없고 초라해졌을 거예요.

바다 이야기는 끝났지만 아직 가장 중요한 말을 하지 않았습니다. 어쩌면 여러분은 내가 마지막으로 할 말이 무엇인지 눈치챘을지도 모르고 그렇지 않을지도 모릅니다. 내가 할 말은 딱 한 줄인데 바로 이 것입니다.

바다는 선물이에요!

누가 그런 멋진 선물을 주었는지는 모릅니다. 내가 한 일은 우리에게 그런 멋진 선물이 있다는 것만 알려 준 것뿐이랍니다.

아이들과 나누는 이야기

여러분, 책이 끝난 줄 알았지요? 하하! 원래는 책을 끝내려고 했지요. 그런데 책 만드시는 선생님이 이러는 거예요.
"잠깐만! 아이들이 읽고 나서 내용을 잘 정리할 수 있도록 훌륭한 질문을 내 주시면 좋겠어요. 좀더 친절하게 말이죠."
솔직히 말하면 여러분은 이 책의 내용을 모두 까먹어도 좋답니다. 이 책을 다 읽고 내용을 잘 기억하는 것보다 몽땅 잊어버리더라도 바다가 우주만큼 신기하게 생각되면 좋겠어요. 그래서 여러분 스스로 바다에 가 보고 바다에 관한 책을 찾아서 즐겁게 읽을 수 있게 된다면 그것이 더 훌륭하고 여러분한테 어울리는 일이랍니다. 하지만 책을 읽고 나서 무엇을 알게 되었는지, 무엇이 더 궁금한지 마음속으로 자기와 이야기를 나눠 보는 것은 좋은 버릇이에요. 친구들과 함께 이야기하면 더 좋지요. 함께 이야기하면 책에서 읽은 것을 훨씬 더 잘, 오래오래 기억하게 된답니다.

1. 이제 여러분은 바다 밑 세상을 상상할 수 있을 겁니다. 이 책을 읽기 전에 바다를 상상한 모습과 읽은 후에 상상한 모습이 어떻게 달라졌나요?

2. 나는 이 책에서 지구가 대부분 바다로 되어 있다고 말했습니다. 만약 지구에 바다가 없거나 육지보다 바다가 훨씬 더 작다면 무슨 일이 일어날지 갖가지 의견을 말해 보세요. 바다가 얼마나 중요한지 잊지 않게 될 것입니다.

여러분의 바다를 표현해 보세요

참 고 문 헌

앤드루 바이어트·알래스테어 포더길·마서 홈스, 『아름다운 바다』, 사이언스북스, 2002

레이첼 카슨, 『우리를 둘러싼 바다』, 양철북, 2003

바다의 이야기 편집그룹, 『바다의 세계』, 전파과학사, 1986

시마무라 히데키, 『교실에서 가르쳐 주지 않는 지구 이야기』, 전파과학사, 1993

장순근·김웅서, 『바다는 왜?』, 지성사, 2000

유정아, 『한반도 30억 년의 비밀』, 푸른숲, 1998

존 말람, 『지구』, 두산동아, 2000

빌 브라이슨, 『거의 모든 것의 역사』, 까치, 2003

슈테판 츠바이크, 『마젤란』, 자작나무, 1996

안토니오 피가페타, 『최초의 세계일주』, 바움, 2004

『EARTH AND SPACE』, USBORNE, 1995

교과부, 문광부, 환경부가 우수도서로 인증한
토토 과학상자 시리즈

우리나라 과학 전문 필자가 우리 어린이의 눈높이에 맞춰 쓴 과학책!
생물 지구과학 물리 화학 등 모든 과학 분야의 기본 원리를 친절하게 알려 줍니다.

 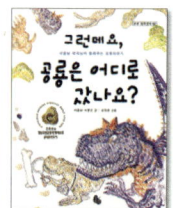    

     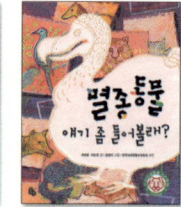

  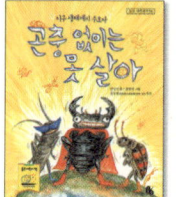 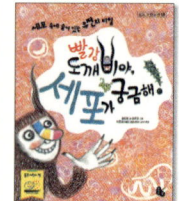  

 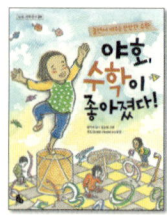    

〈토토 과학상자〉는 24권으로 완간되었습니다.
홈페이지 www.totobook.com에서 퀴즈를 풀고 상품을 받으세요.